HEYNE FILMBIBLIOTHEK

FRED ASTAIRE
Seine Filme – sein Leben

von STEPHEN HARVEY

Deutsche Erstveröffentlichung

**WILHELM HEYNE VERLAG
MÜNCHEN**

Deutsche Übersetzung:
Claudia Walter und Bernd Eckhardt
Redaktion: Bernd Eckhardt

Titel der amerikanischen Originalausgabe:
FRED ASTAIRE

2. Auflage

Copyright © 1975 by Pyramid Communications, Inc.
Published by arrangement with Jove Publications, Inc., New York
Copyright © der deutschen Übersetzung
by Wilhelm Heyne Verlag, München
Umschlagfoto: Dr. Konrad Karkosch, München
Rückseitenfoto: Stiftung Deutsche Kinemathek, Berlin
Umschlaggestaltung: Atelier Heinrichs & Schütz, München
Printed in Germany 1985
Gesamtherstellung: Ebner Ulm

ISBN 3-453-86043-8

Inhalt

9 Danksagung

11 Einleitung: Beflügelte Schuhe
31 Fred und Adele
51 Eine herrliche Romanze
118 Tanzpartnerin gesucht
150 That's Entertainment!
188 Niemals mehr tanzen

199 Die Filme von Fred Astaire
205 Fred Astaire im Fernsehen
206 Bibliografie
207 Register

*Für meine Familie,
und ganz speziell meine Mutter,
mit Liebe*

Danksagung

Ich möchte meinem Dank an viele meiner Freunde und Kollegen Ausdruck verleihen für ihre Hilfe und ihre Ermutigungen für dieses Projekt, eingeschlossen Larry Mark, Gary Kalkin, Barbara Skluth, Vito Russo, Howard Mandelbaum, Ronnie Mandelbaum, Mary Corliss, Gary Carey, Emily Sieger, James Tamulis, Tony Yearwood, Susan Kemp, Diane Messer, Wendy Most, Linda Most, Albert Zwirn und George Morris.

Pat Sheehan, Paul Spehr und ihre Mitarbeiter in der Library of Congress Motion Picture Division, wie gewöhnlich von unschätzbarer Hilfe während meiner Nachforschungen, und die Mitarbeiter der Lincoln Center Library für darstellende Künste waren ebenso hilfreich. Für die Beschaffung von bereits Veröffentlichtem möchte ich Wayne Hay von Willoughby-Peerless Dank sagen sowie Budget Films. In diesem Zusammenhang danke ich auch Douglas Lemza von Films Incorporated; ohne seine außergewöhnliche Mithilfe wäre dieses Buch nicht möglich gewesen.

Alle meine Kollegen vom Museum of Modern Art (Abteilung Film) waren ungewöhnlich geduldig und hilfreich während dieser Zeit, und ich bin ihnen allen zu unendlichem Dank verpflichtet.

Beth Genné verhalf mir großzügigerweise zu vielen wertvollen Fakten und Einsichten, indem sie sehr viel Zeit opferte, obwohl sie mit eigenen Projekten beschäftigt war.

Die Abhandlung über die Drehbuchautoren Betty Comden und Adolph Green von Richard Corliss, eine hervorragende Arbeit aus seinem Buch *Talking Pictures,* fand Erwähnung in der Bibliographie im Anhang zu diesem Buch, aber ich bin wesentlich mehr in seiner Schuld. Als Herausgeber von *Film Comment* und als Freund hatte er enormen Einfluß auf meine Arbeit.

Schließlich danke ich sehr Phillip Carlock, John Bohler, Charles Silver und Bob Willis, die mir bei diesem Buch halfen, für ihre Liebenswürdigkeit und ständige Unterstützung.

Fotografien:
Jerry Vermilye, The Memory Shop, Cinemabilia, Movie Star News, The Museum of Modern Art Film Stills Archive und Quality First.

Einleitung – Beflügelte Schuhe

> *»Ich weiß gar nicht mehr, wie alles begann, und ich will es auch gar nicht mehr wissen. Ich will meine Anfänge auch nicht mehr einer Überprüfung unterziehen. Ich habe meine Arbeit nie als eine Art Ventil gesehen oder als eine Möglichkeit, mich auszudrücken. Ich tanze.«*
>
> Fred Astaire: Auszug aus seiner Selbstbiographie *Steps In Time*.

Mit dieser verbindlich-ironischen Aussage schließt Astaires Selbstbiographie; mit ihr hintergeht er wohl eine seiner gewinnendsten Eigenarten, sich selbst in Abrede zu stellen, zumal er auch immer wieder die Frage stellte, ob es irgend jemanden gäbe, der seine Arbeit ernst nehmen könnte. Obwohl er fast ganz allein das Filmmusical aus den Tiefen eines nichtssagenden Spektakels in die Gefilde eindeutigen Ruhmes entführte, war Astaire wohl berüchtigt dafür, daß er stets sphinxartig über die Natur seiner Kunst dachte oder sprach. Was würde man wohl dazu sagen, wenn Greta Garbo in einer spätabendlichen Fernsehtalkshow in Verzückung geraten würde, indem sie unbekannte Anekdoten über ihre Jahre bei der MGM verbreiten würde, oder, was mit Sicherheit ebenso interessant wäre, was würde geschehen, wenn Fred Astaire ein wenig Licht hinter seine Motivationen werfen würde, die seinen Weg als Künstler bestimmt hatten? Würde man Astaires Selbstporträt mit seinen eigenen Worten abtun, »nur ein Tänzer« gewesen zu sein, so wäre das mit Sicherheit ebenso absurd, als würde man Chaplin als einen Menschen umschreiben, der andere zum Lachen brachte. Dabei kann man es eigentlich nicht belassen.

Tatsächlich hat sich Fred Astaire bereits einen unverrückbaren Platz in der Ruhmeshalle beispielloser Filmstars erkämpft, und zwar schon allein durch die Flinkheit seiner berühmten Beine. Er ist und war bekannt für seine unermüdliche Perfektion, wohl aber auch dadurch, daß er unzählige Stunden darauf verwendete, sich zu vervollständigen, daß er endlose Tage damit verbrachte, seine

Schritte zu proben, seine Bewegungen zu perfektionieren, so daß man den Eindruck erhielt, alles würde so spontan und mühelos auf der Leinwand erscheinen. All diese endlos harte Arbeit führte zu Astaires tänzerischer Kunstfertigkeit, die einem den Atem zu nehmen vermag. Sein vehementer Entschluß, sich niemals zu wiederholen, enthüllte eine ungeahnte Vielseitigkeit. Von einem Film zum anderen meisterte Astaire jeden nur denkbaren Tanzstil, betrachtet man seine atemlos machenden schnellen Tanzschritte ebenso wie seine, von der jeweiligen Partnerin mitgetragenen Duette auf dem Tanzparkett, wobei es keinen Unterschied machte, ob er Jitterbug interpretierte oder moderne Tänze, auch selbst dann nicht, wenn er sich in die Gefilde klassischen Balletts vorwagte oder sich am Volkstanz versuchte.

Hingabe und Befähigung waren es nicht allein, daß Astaire ein Vierteljahrhundert des amerikanischen Filmmusicals, neben und in Verbindung mit anderen echten und legendären Personen, beherrschte und dominierte. Nur Talent allein war niemals ein Garantieschein für eine glanzvolle Karriere im Film; unzählige Tänzer haben sich in mehr oder minder kurzen Karrieren beschwingt durch den Film getanzt, aber ihr Ruhm war auch ebenso schnell wieder entschwunden, wenn die Neuartigkeit ihrer Interpretation vorübergezogen war.

Letztlich mußten sie an Astaires Erfolg scheitern; wie alle seine Vorgänger betrachteten sie den Tanz als eine Sonderheit des Vaudeville, der lediglich um einen Grad bedeutender war als eine durchschnittliche Hundedressur. Dort war der Tanz nur eine flüchtige, dahineilende untergeordnete Begleiterscheinung, die hin und wieder eine Handlung einhüllte oder eine Ausdrucksmöglichkeit von vielen war, der der Schauspieler sich bediente. Natürlich war Astaire innerhalb dieser routinemäßigen Abläufe etwas ganz Besonderes, und das sollte sich auch nicht ändern, als sich innerhalb der musikalischen Komödie für ihn ein Königreich offenbarte. Man muß sich nur an solch formvollendete Filmteile erinnern wie die Titelnummer aus *Top Hat* und die Sequenz des

Fred und seine Schwester Adele in ›The Band Wagon‹ (1931).

»Puttin' On the Ritz« aus dem Film *Blue Skies,* dann weiß man, was es heißt, die anregendsten Beispiele an Ideenreichtum vor Augen zu haben, die aus reinster Freude an der Zurschaustellung kreiert worden sind. Aber Astaires beispielloser Beitrag für den Film ist wesentlich subtiler zu sehen, denn dieser Mann revolutionierte die Filmindustrie. Unbestritten war er der erste Tänzer, der erkannte, daß der Tanz jedes filmische Gefühl vermitteln und vertiefen konnte. Als sich der Film nahezu über Nacht vom stummen zum sprechenden Medium entwickelte, da schienen die Darsteller und Filmemacher vergessen zu haben, daß die menschliche Stimme nur *ein* Werkzeug ihrer Kunst war; bewußt oder unbewußt führte Astaire wieder einen ketzerischen Modeartikel ein, der darauf fußte, daß der menschliche Körper dazu in der Lage war, tiefste Gefühle auszudrücken, ohne daß auch nur ein einziges Wort über die Lippen dieses Körpers zu kommen brauchte.

Die einzigartigen Tänze, mit denen er und Ginger Rogers in einer ganzen Reihe von Filmen zu sehen waren, erhielten nur sehr wenig Unterstützung durch schwache Handlungsabläufe oder schlecht durchdachte Drehbücher. Anstelle dessen erhielten diese Handlungsabläufe erst durch Astaires tänzerische Einzelvorträge und durch seine Duette mit Ginger Rogers Resonanz und Gefühl. Beide machten einen Kommentar an diesen schwachen, transparenten Filmgeschichten überflüssig, denn erst durch ihre Leistungen stellte sich ein Vorantreiben der Handlung ein. Astaire erzählt uns eigentlich nichts darüber, welch enorme Wirkung Ginger auf ihn ausübte – das wäre zu banal und würde wohl auch zu einfach sein. Anstelle dessen segelte er schwungvoll über Sofas und verwandelte solch prosaische Gegenstände wie Kamineinfassungen und Mineralwasserflaschen in synkopische Instrumente der Poesie. In jedem dieser Filme verspottet Ginger zunächst immer wieder Freds Bemühungen, wenn er sich verbal taktlos in ihre Richtung bewegt; ihre romantische Allianz erlangt erst dann Bedeutung, wenn er mit dem Sprechen aufhört und Ginger dazu überredet, mit ihm zu tanzen. Wenn die beiden tanzen, und sie tun

Mit Ginger Rogers in dem Film ›Follow the Fleet‹ (1936).

es in zehn von Liebesromanzen getragenen Filmen, dann kann man sehr deutlich während des Tanzes erkennen, wie ihre Stimmungen sich verändern und aus Ablehnung Zuneigung wird. Sie verspüren, daß ihre Körper die gleiche choreographische Sprache sprechen, und der Zuschauer verspürt es ebenso, wenn er die beiden beobachtet: Einmal zu den Klängen von »Isn't This a Lovely Day (To Be Caught in the Rain)?«, dann wieder durch das verspielt kleinliche Gezänk von »I'll Be Hard to Handle« und durch Astaires gefühlvolle Werbung um eine widerborstige Ginger Rogers durch das Lied »Night and Day«.

Astaire verwandelte sogar das Klischee »Mann verliert Frau«, das in jede Handlung eines Musikfilms eingebettet war, in etwas sich wirklich Bewegendes, indem er es choreographisch vor die Musik stellte. In dem Film *Swing Time* singt er als eine Art Androhung das Lied »Never Gonna Dance«, wobei der Schwerpunkt darauf liegt, daß er niemals mehr tanzen würde, würde Ginger ihn verlassen. Danach vereinigen sie sich wieder im Tanz, und ihr ganzes Werben führt zu der Erkenntnis, daß sie ohne den anderen nicht mehr auskommen können. Während sie tanzend den beiden Enden der gewundenen Treppe im Nightclub entgegen eilen und eine getrennte Zukunft anstreben, stellen Fred und Ginger wieder einmal unter Beweis, daß Bewegungen in der Tat potenter als Worte sein können.

»Immer wieder erwische ich mich plötzlich dabei, daß ich tanze«, sagt Fred zu Ginger, während seine Schritte ihr Dahindösen im Raum darunter unterbrechen. In dieser Szene gleich zu Beginn von *Top Hat* erwidert sie auf seine Worte: »Das mag vielleicht irgendeine Art Heimsuchung sein« – glücklicherweise unheilbar, so scheint es zumindest, denn Astaire tanzte auch noch, als die Zeit der Musicals innerhalb der großen Filmstudios Mitte der fünfziger Jahre dem Untergang geweiht war. Aber der Tanz war nicht Astaires einzige Masche, die cleverste wohl, die er im Film aus seiner bodenlos scheinenden Trickkiste zu ziehen vermochte. Im Hinblick auf seine filmische Verkörperung war diese Art des Ausdrucks ebenso organisch wie das Gehen und das Sprechen. Astaire der Darsteller war unwiderstehlich damit verbunden, im Tanz das auszudrücken, was Astaire die Filmfigur an Emotionen zu offenbaren hatte. Wenn seine Füße fest mit dem Tanzboden verwurzelt waren, dann wurde jede Geste von ihm, jede feinnuancierte Veränderung seiner Stimme durch die musikalischen Rhythmen eines vergeistigten Tanzes untermalt.

Es gibt praktisch keinen anderen Schauspieler mehr, der, wie Astaire, eine solch geballte Ladung physischer Kraft aufwendet, um Dialoge auszudrücken. Er dreht sich aus der Hüfte heraus nach vorn, gibt übertreibend, mit hoch aufgerecktem Kopf, einen tiradenhaften Redefluß von sich, immer wieder schlägt er Löcher zum Verdeutlichen seiner Aktionen um sich herum in die Luft, seine verbalen Herausforderungen warten auf die Antwort seines Co-Stars, dann schiebt er seine Hand bequemerweise in eine Hosentasche, um sie still zu halten, bis sein verbaler Austausch auf seinem Gegenüber aufgeprallt ist. Jede Bewegung, die Astaire auf der Leinwand vollführt, scheint einen Takt vor der Musik zu liegen, damit sie tänzerisches Stichwort sein kann, gleichgültig ob sie aus einem Herunterschlendern über eine Treppe besteht (wie beispielsweise in *Funny Face*) oder nur ganz einfach aus ein paar mit der Hand hingeworfenen Würfeln (wie in *Swing Time*). Daran liegt es, daß die ansonsten so schwierig zu bewerkstelligende Überleitung von Handlungsablauf in Musikpartitur bei Astaire so leicht aussieht, so spontan übertragen in seinen Musicals. Mitunter kann die kinetische Energie, die hinter einer jeden Bewegung von Astaire zurückgehalten zu sein scheint, sich nur dann Luft machen, wenn sie sich plötzlich in einem Tanz entfesselt.

Astaires ungeheure Arbeit mit den Füßen war es, daß sich das Publikum ihm bereits in den dreißiger Jahren zuwandte, aber er war wohl eher eine Art neuer Leinwandheld, der es verstand, sich mit den Mitteln des Tanzes auszudrücken, so daß aus ihm in kürzester Zeit ein Star wurde. Die wahre, wirkliche Welt befaßte sich zwangsläufig in den dreißiger Jahren mit Massenarbeitslosigkeit, mit sozialen Unruhen und aufkommendem Faschismus; in *Top Hat* ist davon nichts zu spüren, denn man befindet sich in einer anderen Welt. Sogar Busby Berkeleys absurd opulente Filme aus der *Gold-Diggers*-Serie waren mit »vergessenen Personen« überfüllt, habgierige Tanzmädchen schien das Glück plötzlich verlassen zu haben, aber Astaire hatte sich niemals mit solchen wirtschaftlichen Problemen in seinen Filmen herumzuschlagen. Das lag wohl in zunehmendem Maße daran, daß sie dem Namen nach stets handlungsmäßig an Schauplätzen wie »London«, »Paris« oder »New York« spielten, hingeführt durch die Launenhaftigkeit eines Drehbuchautors; mit der realen Welt hatten sie nichts gemein, sondern vollzogen sich stets vor dem Hintergrund eines »modernen Paradieses«. Der vorletzte Film von Fred und Ginger aus den dreißiger Jahren trug bezeichnenderweise den Titel *Carefree,* den man mit dem Wort »sorglos« übersetzen kann, ein Techtelmechtel, dessen Titel man zweifelsohne auch auf all ihre anderen gemeinsamen filmischen Abenteuer hätte übertragen können.

Von dem Film *The Gay Divorcee* über *Shall We Dance* bis hin zu anderen Titeln war Fred unabänderlich als unbekümmerter, nicht aus der Ruhe zu bringender Optimist besetzt; man wußte stets, daß nichts Wichtiges in seiner Reichweite lag, was ihn hätte in seinen Bemühungen aufhalten können. Angesichts seiner weltmännischen Manier und seiner eleganten Erscheinung ist Astaires Verkörperung eigentlich so unschuldig wie die von Shirley Temple. Der Fred auf der Leinwand wird vollkommen von kapriziöser Launenhaftigkeit getragen. Er vertraut sich und allem um ihn herum durch seinen Charme, und das darf er auch, denn die Umstände seines Schicksals sind immer glücklicher Natur. In einer Welt, in der lediglich eine widerborstige Blondine seinem vollkommenen Glück im Wege steht, bleibt Astaire voll und ganz der Sonnyboy, denn die Absage einer einzigen Blondine kann ihn nicht aus der Bahn werfen. Was dem Publikum so sehr an Fred Astaire gefiel, lag wohl nicht so sehr in seiner Gewandtheit, in seinem Taktgefühl begründet, sondern eher in seiner feinen Lebensart – dieses strahlende Wohlbehagen, das in jedem seiner Filme zum Ausdruck gebracht wird.

Dies Zeichen naiver Vitalität war in sich selbst kein neues Merkmal der Leinwandhelden; frühere Filmstars wie Douglas Fairbanks (Sr.) und Richard Dix besaßen dieses Merkmal in überreichlichem Maße. Aber Fred Astaire fügte diesem Wesens-

Mit Eleanor Powell in ›Broadway Melody of 1940‹ (1940).

zug etwas Neues hinzu, nämlich geistige Differenziertheit, Weltklugheit. Dadurch wurde unter Beweis gestellt, daß die frech-frivolen Europäer vom Schlage eines Adolphe Menjou oder eines Maurice Chevalier nicht mehr länger allein das Exklusivpatent für Weltgewandtheit und sicheres Auftreten in den Händen hielten. Astaire drang in die Fantasie der Amerikaner unter der Erkenntnis ein, daß ein Aristokrat eher aus Charme und Befähigung entstehen konnte als durch Inzucht. Die Kinobesucher der damaligen Zeit konnten sich durchaus mit Astaires Elan der Oberschicht und mit seiner Eleganz identifizieren, denn er verstand es, diese Merkmale in reichem Maße mit einer gehörigen Dosis hausbackener Pöbelhaftigkeit in Brand zu setzen. Unter welch einem vergoldeten Wasserspeier er sich auch gerade befand, Astaire war stets der unprätentiöse Amerikaner auf Abwegen oder weit von zu Hause entfernt, er führte europäischen Prunk immer in die Ernüchterung, er verspottete Gekünsteltes mit Hilfe von Swing und Blues, er ergötzte sich stets an seinen eigenen Witzeleien, die aus dem amerikanischen Slang geboren waren. Mitunter trieb er seine Späße auch ein wenig zu weit, um seine Verbindung mit den Massen künstlich aufrechtzuerhalten oder zu stärken. So rief Astaire beispielsweise auch einen Kaumuskelkrampf hervor als kaugummikauender Matrose der amerikanischen Marine in *Follow the Fleet,* ohne daß er jede Minute irgend jemanden an der Nase herumführte. Gewöhnlich erkannte Astaire auch stets, daß solche Brocken gar nicht notwendig waren, um sie der breiten Masse hinzuwerfen, und gleich beim nächstenmal zog er sich wieder auf seine gewohnte Kunstfertigkeit zurück.

Trotz seines eleganten Zuvertrauens ist Astaire auf der Leinwand alles andere als unverwundbar. Angefangen hatte es schon mit seinen jugendlichen Eskapaden bei der RKO, Astaire besitzt eine immerwährende Schwachstelle, die seine Achillesferse war: sein unverbesserlicher Sinn für Romantik. Zu Beginn der meisten seiner frühen Filme verstrickte sich Astaire gewöhnlich immer wieder in seine ständigen Bemühungen nach Vergnügungen; er ist betörend, er lockt, aber auch immer ein wenig unreif, ja sogar unentschlossen bis hin zur Vergeblichkeit. Liebe, beidermaßen unverzüglich und unvergänglich, gibt seinen Energien einen Brennpunkt und eine Richtung. Auf der anderen Seite jedoch enthüllt er auch seine forsche Jungenhaftigkeit aus Gründen fragwürdiger Selbsttäuschung. Es ist weithin bekannt, daß das Geheimnis hinter dem Wesen von Fred Astaire und Ginger Rogers auf der Feststellung beruht, daß sie ihn mit einer Aura von Sexualität umgab, zu der er sonst gar nicht fähig gewesen wäre; aber Gingers wirkliche Fertigkeiten und Talente bewegten sich auf der Ebene, daß sie es verstand, diesen Mann über sich hinauswachsen zu lassen. Gewöhnlich hängt immer ein schwaches Lüftchen über der Bitte um Vereinigung, das aus affektiertem Gehabe kommt, erst danach nehmen die Emotionen von Fred Besitz und seine Anträge sind die eines Erwachsenen. Sein befreundeter Rivale um die Krone, die irgendwann einmal an den besten Tänzer der Leinwand verliehen werden könnte, Gene Kelly nämlich, legt in seinen Filmen ein anderes Gehabe an den Tag: Er fühlt sich am wohlsten, wenn er mit den anderen Burschen vom Schlage eines Donald O'Connor oder eines Frank Sinatra herumtollen kann, krakeelen kann, vor ihnen prahlen kann. Er befaßt sich auf der Basis des Kampfes und in Verbindung mit dem Choreographischen zunächst erst einmal mit seiner eigenen Psyche; Fred Astaire hingegen ist mit seiner Psyche erst dann im reinen, wenn er Mittel und Wege gefunden hat, sich mit der Dame seiner Wahl im Tanz zu vereinen.

Natürlich sind Astaires Vorrechte in der Liebe innerhalb seiner Musicals nicht immer einseitig verteilt. Erst wenn sich seine Bemühungen zu festigen scheinen und sich Ginger ihm zuwendet (und ihre Verfolger sich von ihr ab), dann wird Astaires Lüsternheit versinnbildlicht. Die meisten Astaireschen Heroinen entwickeln beim ersten Aufeinandertreffen eine gewisse Portion von Prüderie, um den Angreifer zu verunsichern oder auf die Probe zu stellen; erst danach erkennen sie, was in ihnen steckt, wenn sie einer Astaireschen Verlockung anheimfallen. Unvermeidbar führt Astaires Hartnäckigkeit zum gewünschten Ziel, und unter seinem Einfluß entwickeln diese Frauen ungeahnte Aktivitäten, die sie in sich selbst nicht vermutet hätten, und von denen auch das Publikum nicht im entferntesten Sinne eine Vorstellung hätte haben können. Die Ergebnisse sind amüsant und fordern zur Heiterkeit heraus.

Man kann durchaus sagen, daß es gewiß ironisch ist, daß der erotischste Freigeist der amerikanischen Filme aus einer mehr oder minder anziehenden Person wie Fred Astaire hervorgegangen ist. Angesichts seines zwar gewinnenden, einschmeichelnden und ebenso faltigen Lächelns könnte Astaire wohl schwerlich die Grundlage für erotische Träume bieten. Sein schmaler Brustkorb läßt ihn für einen Tänzer ziemlich zerbrechlich aussehen, und wenn man auch sein Erkennungszeichen, seine anschmiegsame maßgeschneiderte Abendgarderobe, berücksichtigt, so hängen doch die Bekleidungsstücke schlaff und kraftlos über seinen schmalen Schultern. Astaires Kopf thront gewaltig über seinem schmalen Torso, und seine Gesichtszüge könnten einem Zeichentrickfilmer eingefallen sein – die birnenförmige Stirn, die leicht vorstehenden weichen Augen, dazu eine knorrige Nase, die sich herunter zu einem vorspringenden, halbinselförmigen Gebiß neigt.

Sogar auf der Bühne, wo ein konventionell gutes Aussehen nicht das Wesentlichste für einen romantischen Liebhaber sein muß, bedeutet Astaires ungewöhnliche Physiognomie ein Handicap für ihn; gewöhnlich fand er sich immer wieder als der platonische Spielgefährte seiner Schwester Adele besetzt, während sie selbst sich stets einem anderen, einem blendend aussehenden jugendlichen Liebhaber gegenüber sah. Bemerkenswerterweise verstand es Astaire, diesen offensichtlichen Nachteil in einen Vorteil umzuwandeln, nachdem er Adele und der Bühne den Rücken gekehrt und das alles mit Ginger und dem Film vertauscht hatte. Diese erotischen Gefühle, die er zu wecken verstand und auch kreierte, verstand er ebenso auszunutzen, wenn man bedenkt, daß er auf der Leinwand ohne großes Zutun eher ein asexueller Charakter zu sein schien. Andererseits war Astaire so sehr der großstädtische Charmeur, so daß gutes Aussehen möglicherweise zu einer gewissen Art Überfluß geführt hätte. Tatsächlich war es sein Aussehen, das Astaire irgendwie eine Art von Fehlbarkeit vermittelte, wobei man bedenken muß, daß seine filmischen Persönlichkeiten ein solches

Mit Rita Hayworth in ›You Were Never Lovelier‹ (Du warst nie berückender/ Ein schönes Mädchen wie Du, 1942).

Merkmal dringend benötigten. Kinobesucher mögen sich sicherlich noch an seine sündlose Schlauheit erinnern, da er im Zusammenhang hiermit noch mit einem enormen physischen Magnetismus ausgestattet war.

Macht man sich also darüber Gedanken, daß seine emotionalen Wesenszüge bei der Gegenwart von Ginger Rogers zum Sieden gebracht wurden, so ist es leicht verständlich, daß seine zukünftige

Leinwandkarriere dann einem unausweichlichen Ende entgegengehen mußte, als die Partnerschaft zwischen Ginger Rogers und Fred Astaire keine Erneuerung mehr finden konnte. Offensichtlich verstand es Ginger auf eindringliche Weise, anziehend, fesselnd genug zu sein, um überzeugend umworben werden zu können, und zwar von einer ganzen Reihe »diensthabender« Darsteller, die im Hollywoodfilm mit führenden männlichen Rollen ausgestattet wurden; aber viele glauben ganz einfach daran, daß Ginger Rogers allein den schwer zu beschreibenden Schlüssel zu Astaires latentem Virilismus in den Händen hielt, der ihn zu einer Figur romantischer Kinofantasie werden ließ. Das war nun wirklich nicht das einzige Dilemma, mit dem sich Astaire konfrontiert sehen mußte, nachdem in den vierziger Jahren seine Filme der dreißiger Jahre schon lange der Vergangenheit angehörten, zumal in den vierziger Jahren ganz andere Werte herrschten und andere Prioritäten gesetzt wurden. Der schwarze Smoking wurde durch das Blau der Marineuniformen ersetzt, und die Weltklugheit, die geistige Differenziertheit, die einmal ein Symbol für Astaires Kinopersönlichkeit gewesen war, gehörte zweifelsfrei in die Gefilde des Anachronismus.

Jener liebenswerte Proletarier Bing Crosby war ein sentimentaler und beliebter Schnulzensänger des Kinos gewesen, während Astaire auf dem Gebiete des Musicals dominierte; in den mehr hausbackenen vierziger Jahren drehten sich ihre Positionen um, und Astaire fand sich gleich zweimal *hinter* Crosby besetzt *(Holiday Inn* und *Blue Skies),* während er leicht entkräftete Kapaune spielte und mit seinen ruhelosen Füßen dem Vergleich mit Bings Gesang nicht standhalten konnte, wenn es darum ging, zu glänzen oder die Angebetete ins eigene Heim zu führen. Während dieser ungewissen Periode schien es so auszusehen, als wäre er gezwungen gewesen, von einem Studio zum anderen zu wandern, um hier oder dort spielen zu können, eine endlos scheinende Odyssee durch zahlreiche naive Rollen auf der Suche nach der alten Magie und einer neuen, modernen Identität. Niemand war sich dieses Dilemmas mehr bewußt als Fred Astaire selbst; festgelegt, vom Rampenlicht abzulassen, bevor er vom Publikum dazu aufgefordert worden wäre, entschied er sich im Jahre 1946 für einen vorzeitigen Rücktritt. Ironischerweise sorgte ein gebrochener Fußknöchel dafür, daß Astaire zwei Jahre später wieder in das genannte Rampenlicht trat. Der gebrochene Fußknöchel gehörte seinerzeit Gene Kelly.

Der Astaire, der gegen Ende der vierziger Jahre wieder in das Licht der Öffentlichkeit trat, schien auf den ersten Blick der alte zu sein, aber die verflossene Zeit und der Geschmack des Musicals hatten einige subtile Veränderungen mit sich gebracht. Astaire hatte eine glückliche Hand gehabt, sich in dieser Zeit der MGM (Metro-Goldwyn-Mayer) zuzuwenden, wo ein vielseitig gebildetes und kultiviertes Team aus Regisseuren, Autoren, Choreographen und Technikern unter der Oberaufsicht von Arthur Freed das Filmmusical zu einer neuen, aufregenden Blüte brachte. Diese neue Ära schuldete dem Astaireschen Vermächtnis aus den dreißiger Jahren einiges, wurde aber im Wesentlichen mehr von grandioseren Ambitionen geleitet. Astaires Filme aus der vorangegangenen Dekade waren mit der Absicht belastet, unprätentiös, ja sogar austauschbare Unterhaltungsware gewesen zu sein. Die Freed-Truppe bei der MGM entwickelte jeden hervorgebrachten Film als ein charakteristisch auseinanderhaltbares Vorkommnis, das bewußte Neuerungen mit einem gewaltigen technischen Aufwand verbinden konnte. Die Handlungen, die man diesen Filmen unterlegte, egal ob frivol oder nicht, hielten fast immer dem Vergleich mit den Liedern und den Tänzen stand, und beide Elemente waren enger miteinander verwoben; die Geschichten, wo ein Tänzer verliert und gewinnt, wo naseweise Tingeltangelmädchen in Verbindung mit einer Bühnenshow nach dem großen Glück greifen (oder es zumindest versuchen), gehörten der Vergangenheit an. Das war alles ein wenig zu leichtgewichtig, um den Anforderungen eines zeitgenössischen Musicals gerecht werden zu können.

Hinzu kommt, daß Astaire in den vierziger Jahren offensichtlich nicht mehr allein die Autorität in seinen Filmen in Händen hielt, wie es in den dreißiger Jahren der Fall gewesen war. Jene frühen Regisseure von Astaire-Filmen (wie Mark Sandrich oder George Stevens) hatten dem Tänzer mehr oder minder persönliche Freiheiten in seinen Darbietungen gelassen und diese so unaufdringlich als nur irgend möglich fotografiert. Im Kontrast dazu hatten Regisseure wie Vincente Minnelli, Stanley Donen und Charles Walters auf dem Gebiete des Filmmusicals und auch durch das Theater eine umfangreiche Erfahrung innerhalb dieses Genres gesammelt und forderten daher auch zu Recht, daß das zur Verfilmung anstehende Material unweigerlich ihren eigenen Stempel tragen mußte. Das Gefühl der improvisierten Spontaneität war nun nicht mehr vorhanden (und auch nicht mehr gefordert), auch wenn es in vergangenen Zeiten innerhalb von Fred Astaires früheren Filmen ein förderndes, fast unumgängliches Stilmittel gewesen war. Weder ausgereifte Szenarios, weder ein lebhaftes Tempo noch irgendwelche neue verblüffende visuelle Technicolormomente waren dazu in der Lage, ein Vakuum zu füllen, das durch den Fortfall von Komponisten wie Jerome Kern und George Gershwin und die relativen Rücktritte von Cole Porter und Irving Berlin entstanden war. Keiner ihrer Nachfolger konnte an ihre ehemalige Größe heranreichen. In ihren möglicherweise besten Filmen wie *The Band Wagon* oder *Funny Face* war das alte Überschäumen noch einmal mit neuem und aufregendem Überfluß und Erfindungsgeist kombiniert.

Astaire begegnete dem neuen Regime in angemessener Weise anmutig und taktvoll. Der spätere Astaire fand sich in Sportkleidung ebensogut zurecht wie in weißer Krawatte und mit Rockschößen, seine hyperkinetische Jugendhaftigkeit verwandelte sich mehr und mehr in eine Art onkelhafter Herzlichkeit. Die Leiden des mittleren Alters konnten der schnellen Präzision seiner Fußarbeit nichts anhaben, aber sie führten dazu, seine einmal unwiderstehliche amouröse Eitelkeit auf der Leinwand zu verwässern. Niemals richtig zufrieden mit der Rolle des gelegentlichen Schürzenjägers, spielte Astaire nun für gewöhnlich weniger den Verfolgten als den Verfolger, generell in der Verkleidung eines kurzsichtigen Professionals, der so sehr über zwei Drittel des entsprechenden Films mit seinem Metier verwoben war, daß er keine Gelegenheit bekam, zu erkennen, daß je eine gegenseitige Anziehungskraft zwischen ihm und seinem weiblichen Co-Star bestanden hatte.

Komplizierende Gründe bestanden in der eigenartigen Tatsache, daß es Astaire erlaubt war, schrittweise, aber auch ganz charakteristisch zu altern, während seine Karriere sich weiterentwickelte. Seine weiblichen Gegenüber gelangten allerdings nicht über das fünfundzwanzigste Lebensjahr hinaus. Das war allerdings schwer zu erkennen, als Astaire mit der ungefähr zehn Jahre jüngeren Ginger Rogers (*1911) seine Späßchen trieb, aber im Falle von Judy Garland (*1922) und im Falle von Cyd Charisse (*1924) klaffte zwischen ihm und seinen Partnerinnen schon eine Lücke von mehr als zwanzig Jahren und sie wurde rein altersmäßig noch größer, als seine Gespielinnen Audrey Hepburn (*1929) und Leslie Caron (*1931) hießen. Astaire schmälerte diesen leicht perversen Eindruck dadurch, daß er als eine Art Ersatz-Vater agierte, aus dem ein widerwilliger Liebhaber wurde, aber Zuschauer, denen an einer wirklichkeitsgetreuen Darstellung gelegen war, verhielten sich in diesen Fällen vorurteilslos, sobald die Dialoge in den Hintergrund traten und Astaire an ihre Stelle die Elemente Gesang und Tanz stellte.

Als sich Astaire dem zwanzigsten Jahrestag seines Filmdebüts näherte, fand er sich in der mehr oder weniger üblen Situation wieder, eine verrückte Leinwandlegende geworden zu sein, die sich immer noch so üppig wie stets innerhalb der Grenzen des Mediums bewegte. Seine Antwort darauf bestand darin, sein eigener Filmbiograph zu werden; in zunehmendem Maße wurden seine Filme nicht mehr länger auf seine Talente und Begabungen zugeschnitten, erzählten aber immer recht ansehnlich aus seiner Vergangenheit. Die Kritiker und das Publikum hatten ihn in geistiger Hinsicht schon lange einer in Satin gekleideten Ginger-Rogers-Galatea als Zylinderhut tragendem Pygmalion gegenübergestellt. In dem Film *The Barkleys of Broadway* wiederholten sie ganz präzise diesen Prozeß, bis hinunter zu Ginger Rogers' rebellischer Forderung, ihre Tanzschuhe an den Nagel zu hängen und einen ehelichen Status anzunehmen. Die hartnäckige Frage nach Vervollkommnung und Perfektion in seiner Arbeit hinter der Szenerie gelangte noch einmal zu voller Blüte, als ein mürrischer Astaire Judy Garland auf kommende große Ereignisse hin in dem

Film *Easter Parade* unterrichtete. *Royal Wedding* hingegen nimmt noch einmal glossenhaft die Jahre der Partnerschaft mit Schwester Adele auf die Schippe (auf der Bühne und jenseits der Bühne und hinter der Bühne); *The Band Wagon* erweckt noch einmal den Eindruck, ein Comeback eines Tony Hunter auf der Bühne in die Wege zu leiten, eines Filmtänzers mittleren Alters, mit außergewöhnlichen Fähigkeiten allerdings, dessen vergangene Hits solch epische Titel wie *Swinging Down to Panama* tragen. In dieser Hinsicht sind *Funny Face* und *The Band Wagon* lockere Aufgüsse von zwei der größten noch vor Hollywood liegenden Astaire-Triumphe.

Astaire hat immer und immer wieder erklärt, daß er sich entschieden weigern würde, eines Tages pirouettendrehend mit Zylinder, weißem Haar und Krücken über die Kinoleinwand zu huschen. Bis heute kann dieser Vision, die Wirklichkeit werden könnte, nichts Erhebliches im Wege stehen, denn Astaires mögliche Altersschwäche dürfte ihm keinerlei Hindernis sein, aber über das Genre, das bald den Tod fand, bleibt er der unbeschränkte Herrscher und Meister. Der Auseinanderfall, die Zerspaltung der großen Filmstudios, das Vordringen des Fernsehens und die Machtübernahme durch Elvis Presley und die ihm ähnelnden Mitstreiter und Epigonen waren dafür verantwortlich, daß das großangelegte Filmmusical durch das Fegefeuer von Fernsehwiederholungen gehen mußte und in zweitklassige Regenerierungskinos verbannt wurde. Astaires gewöhnlich vordergründige Gelassenheit wurde wohl durch diese kalamitätenhafte Wende der Ereignisse nicht aus der Ruhe gebracht. So wie er das Radio in den dreißiger Jahren besiegt hatte, wandte er sich gelassen mit seinen Künsten dem Fernsehen zu, und seine brillanten Serien stundenlanger Specials mit seiner neuen Partnerin Barrie Chase brachten ihm nicht nur eine gewisse Anzahl von »Emmy's« ein, sondern fügten den Legionen alter Bewunderer und Verehrer, die er bereits auf seiner Seite hatte, noch neue Millionen an Zuschauern hinzu.

Auch der Verfall des Filmmusicals bedeutete für die fünfundzwanzigjährige Filmkarriere Astaires nicht den Todesknall; seit

Mit Cyd Charisse in ›Silk Stockings‹ (Seidenstrümpfe, 1957).

dem Jahre 1959 kehrte er von Zeit zu Zeit immer wieder gelegentlich auf die Leinwand zurück, um zu demonstrieren, daß er seiner Verehrerschar mehr zu bieten hatte als den gekonnt inszenierten Tanz eines Draufgängers, dem zufällig Flügel gewachsen waren. Der nichttanzende Astaire entwickelte eine ganz beachtliche Anzahl verschiedener Leinwandgestalten, angefangen mit der Mitleid erweckenden, traurigen Gestalt eines Intellektuellen in *On the Beach* bis hin zu dem flatterhaften Herumtreiber aus gesellschaftlich hochstehenden Kreisen in *The Pleasure of His Company* und anderen Figuren. Zu Beginn der sechziger Jahre schien es unglaubwürdig zu erscheinen, daß Astaire nichts weiter als ein weiterer verbindlicher Yankee hätte sein können; die Kultur, die

29

seinen Typ hervorgebracht hatte, schien erloschen zu sein, irgendwann einmal auch auf dieser Seite des Atlantiks. Aus diesem Grunde alternierte Astaire in seiner Rollenwiedergabe zwischen eleganten Engländern und schmeichlerisch-korrupten und aalglatten Burschen, mitunter auch beide Typen in einer Rolle. Viele waren überrascht über Astaires dramatische Befähigungen, aber es war alles schon immer dagewesen, hatte sich aber im Schatten bewegt, denn die Anforderungen, die bis dato an ihn gestellt worden waren, bezogen sich lediglich auf die superbe Wiedergabe von Songs und die unvergleichliche Art der Interpretation eines Tanzes.

Als die sechziger Jahre einen neuen Zyklus von Musicals in Form von aufgeblähten Superrevuen hervorbrachten, die handlungsmäßig auf veralteten Bühnenproduktionen fußten, war es nur zu logisch, daß schließlich doch eines von ihnen bei dem einen oder anderen immer noch enormen Darsteller für ein Revival sorgen würde. Die nachfolgenden Jahre brachten dem (mittlerweile) Siebziger Astaire unerwartete Aktivität. Hin und wieder konnte man ihn im Film in verschiedenen Charakterrollen bewundern, darüber hinaus sah man ihn ständig als einen dramatischen Gaststar im Fernsehen. Das Jahr 1974 konfrontierte den Astaire jener Tage mit einem MGM-Film, der die Musical-Tage dieses Studios wieder ins Leben rief und also auch Freds Vergangenheit. *That's Entertainment!* setzte dem Pappmaché-Chaos von *The Towering Inferno* wenigstens eine menschliche Note entgegen. Nach einer siebzigjährigen Karriere im Showbusineß scheint Astaire menschlicher Sterblichkeit immer noch die Stirn zu bieten, und zwar mit der gleichbleibenden sorglosen Leichtigkeit, mit der er mit seinen Beinen und Füßen den Gesetzen der Schwerkraft einen Strich durch die Rechnung machte. Vom übersprudelnden Jugendlichen bis hin zum umgänglichen alten Kauz war Astaires Anziehungskraft zeitlos. Aber darüber hinaus bleibt auch das Vermächtnis seiner musikalischen Errungenschaften und Leistungen zeitlos.

Fred und Adele

Obwohl Omaha, Nebraska, eher ein weltliches Binnenhandelszentrum ist, hat der Ort doch eine bemerkenswerte Anzahl prominenter Filmdarsteller hervorgebracht, denkt man an Henry Fonda, Dorothy McGuire, Marlon Brando – und Fred Astaire. Als Fred Austerlitz am 10. Mai 1899 in der dortigen Stadt geboren, erhielt Astaire sein eckiges Aussehen und sein zweideutiges nebraskisches Benehmen von seinem Vater, einem Einwanderer aus Wien, der ein zweifelhaftes Plätzchen in der österreichischen Armee mit einer mehr prosaischen Karriere in einer Bierbrauerei von Omaha vertauscht hatte. Von seiner Mutter, einer aus Nebraska stammenden hübschen und wohlerzogenen Schönheit, lernte Astaire professionelle Standhaftigkeit und die Bedeutung enger Familienbande. Und seiner ein wenig älteren Schwester Adele verdankte er die Tatsache, daß er sich schon von frühen Kindesbeinen an für eine Karriere im Showbusineß interessierte.

Die Richtigkeit der Behauptung, daß zweitgeborene Kinder oft von ihrem älteren Geschwisterteil überschattet werden, konnte schon in Astaires früher Jugend festgestellt werden. Schon zu Zeiten seiner Geburt bis hin zu seinem dreißigsten Lebensjahr hatte die ältere Schwester Adele das Sagen, nicht nur im Privatleben, sondern auch auf der Bühne, während sich Fred mit der ewig fortdauernden Rolle des kleinen Bruders abfinden mußte. Fred war in seiner Kindheit ein ganz gewöhnliches, nicht auffallendes, unbedeutendes Kind, aber schon im Alter von sechs Jahren hatte Adele nicht nur ihre Eltern, sondern auch die Lehrer der örtlichen Tanzakademie mit ihrer hochtrabenden Altklugheit entzückt. Ihre Talente führten dazu, daß die Austerlitz' schon sehr früh für ihre Kinder eine Karriere im Vaudeville sahen, obwohl ihnen die Tatsache überhaupt nichts auszumachen schien, daß der kleine Fred weder Interesse noch Befähigung am Tanz zeigte. So war es also wesentlich einfacher, den kleinen Fred einfach mitzuschleppen, während Mrs. Austerlitz Adeles Angriff auf das Showbusineß bis in alle Einzelheiten hinein vorausplante und ausmalte.

Naßforsche Kinderdarstellungen waren im Vaudeville um die Jahrhundertwende bereits eine etablierte Gegebenheit, und Fred und Adele machten nach ihrer Ankunft in New York im Jahre 1904 gleich ein paar ungewöhnlich große Schritte in die entsprechende professionelle Richtung. Die Mutter ließ die beiden Sprößlinge umgehend in Claude Alviennes Tanzschule einschreiben, wo Fred schon sehr bald die Rolle der Roxanne spielte, während Adele Cyrano de Bergerac verkörperte, und gemeinsam mit Alvienne entwickelten sie eine Nummer mit einem Hochzeitskuchen, wobei Fred und Adele frischvermählte Kinderchen spielten und bei deren fantastischem Ende Adele ein Glas Champagner verkörperte, während Fred einen gesottenen Hummer darstellte. Schließlich und endlich war diese Sache auf den Bühnen des Vaudeville neu, und die beiden Austerlitzschen Sprößlinge erhielten Engagements in den Städten von New Jersey und Pennsylvania. Diese Engagements nun wieder führten zu einem Vertrag mit der angesehenen Orpheum-Theaterkette, so daß Fred und Adele ihre einschmeichelnden Possen einige Jahre lang auf dem gesamten Kontinent zeigen durften.

Aber es dauerte nicht lange, bis es offensichtlich wurde, daß die Astaire-Sprößlinge der Nummer entwachsen waren, denn auch Adele hatte sehr bald ihren Bruder nicht nur in der Größe überrundet, sondern auch in der professionellen Befähigung. Die Angebote nahmen nun ständig ab, so daß sich die beiden mit ihrer Mutter in dem vorstädtischen New Jersey in der Hoffnung niederließen, daß eine zweijährige Pause dem schlaksigen Fred die Chance geben würde, mit seiner talentierten Schwester gleichzuziehen. Sehr bald danach traten sie wieder mit einem reiferen, bühnenfähigeren Spiel an die Öffentlichkeit, das der berühmte Theaterleiter Ned Wayburn ausgeheckt hatte. Diese Nummer mit dem Titel »A Rainy Saturday«, eine Kombination aus Song und Tanz, brachte den mittlerweile Heranwachsenden eine ganze Fülle von Angeboten und Engagements, aber sie waren alle nicht sonderlich bedeutend; Adeles Geschicklichkeit und ihre Auffas-

*Die ersten Tanzschritte:
Adele ist zehn,
Fred acht Jahre alt.*

sungsgabe bewerkstelligten es nicht vollständig, die Steifheit ihres Bruders und seine mangelnde Sicherheit auf der Bühne zu kaschieren. Nach einer demütigenden Tournee durch zahlreiche zweit- und drittklassige Häuser des mittleren Westens wurden die Astaires in die Kategorie eines ehemals erfolgreichen Kinderteams eingeordnet, das nicht mehr zu gefallen verstand, seit es den Kinderschuhen entwachsen war.

In ihrer Verzweiflung wandten sie sich an einen anderen ehemaligen Star des Vaudeville, der zum Theaterleiter aufgestiegen war. Sie suchten nach einer Lösung, und es stellte sich heraus, daß sie einen wichtigen Schritt unternommen hatten. Nach langen Monaten, in denen Fred und Adele unter der weisen Anleitung ihrer neuen Lehrerin Aurelia Coccia zu Profis herangezogen wurden, meisterten sie nun endlich das, was man als Tanzroutine von Erwachsenen bezeichnen könnte. Astaire selbst sprach über die

Coccia später nur Gutes und behauptete, die Lehrerin hätte den größten Einfluß auf seinen späteren Tanzstil gehabt. Die Zeiten, in denen die Astaire-Sprößlinge unter schlechten Bedingungen auftreten mußten, nicht selten vor einem pöbelhaften Publikum, waren vorbei. Langsam aber sicher arbeiteten sie sich zurück unter den Schutz und das Ansehen der Orpheum-Theaterkette. Als sie im Palace arbeiteten und auftraten (gemeint ist der in Chicago, denn zu ihrem Verdruß schafften die Astaires es nicht, auf die Bretter dieser berühmten New Yorker Institution zu gelangen), errangen sie ihren ersten wirklichen Triumph innerhalb des Vaudeville, nachdem sie sich elf Jahre darum bemüht hatten. Obwohl Adeles überschäumendes Talent immer noch die mehr erdgebundene Persönlichkeit ihres Bruders überschattete, erlangte dieser jedoch sehr bald die Befähigung, mit mehr Witz und Intelligenz an ihre Tanznummern heranzugehen. Astaire hatte einen Instinkt entwickelt, zündende Songs ausfindig zu machen und Sketchs, die den Leuten gefielen; vom Jahr 1916 an baute er in die Darbietungen Melodien ein, die Jerome Kern, ein neuer Stern am Himmel, geschrieben hatte. Darüber hinaus befaßte er sich auch mit Songs von Cole Porter, der damals noch weithin unbekannt war.

Im Jahre 1918 ließen Fred und Adele die Bretter des Vaudeville für immer hinter sich und tauschten sie gegen die Bühnenbretter des Broadway ein, denn die Gebrüder Shubert hatten ihnen Arbeit in ihrer Broadway-Revue *Over the Top* angeboten. Die Bemühungen der Shuberts lagen immer ein wenig unter denen von Florence Ziegfeld. Im Falle von *Over the Top* stellte man sich die Revuedarbietung so vor, daß gewandte, geschmeidige Tanzmädchen die Aufmerksamkeit des Publikums von den schäbigen Bühnenbildern und Bühnenhintergründen weglockten. Angestaubte Songs und Komödiantisches aus der zweiten Reihe war an der Tagesordnung. Die Astaires mußten sich darüber hinaus mit einem weiteren Handicap abfinden, denn die harten Gesetze der Revue lagen schwerpunktmäßig auf dem Liebreiz eines ehemaligen Glorified Girl, Justine Johnstone nämlich, die von den Shuberts aus den Reihen Ziegfelds abgeworben worden war. Die Johnstone hatte zwar ein sehr dekoratives Äußeres, aber ihre Möglichkeiten waren

Fred und Adele im Jahre 1915.

begrenzt. Fred und Adele gaben drei Nummern ihres eigenen Programmes zum Besten und waren auch im »Justine Johnstone Rag« zu sehen. Damit verstanden sie es, das Interesse der Kritiker und Zuschauer ein wenig auf sich zu ziehen, obwohl einer dieser Kritiker sich nicht des Eindrucks erwehren konnte, die beiden würden immer noch sehr »nach Vaudeville schmecken«.

Während des darauffolgenden Sommers wurden die Astaires erneut von den Shuberts für eine Revue engagiert, die ein wenig anspruchsvoller gestaltet worden war. Sie trug den Titel *Passing Show of 1918*, und während sie über die Bühne ging, stand es fest, daß die Astaires einen bleibenden Eindruck hinterlassen hatten. Obwohl diese Show solche komödiantischen Bühnengrößen wie Willie und Eugene Howard, Frank Fay und einen noch relativ unbekannten Charles (Charlie) Ruggles unter den Darstellern hatte, überließen die Kritiker ihre überschwenglichsten Äußerungen den Astaires. Was bislang nicht an der Tagesordnung gewesen war, war die Tatsache, daß Fred den Löwenanteil am Lob der Kritiker für sich einheimsen konnte; möglicherweise lag das an seinem possenreißerischen Spiel, denn er verkörperte in der Show auch einen Türsteher aus Childs Restaurant.

Danach taten die Astaires einen weiteren Schritt nach vorn, denn im darauffolgenden Jahr traten sie in Fritz Kreislers melodienreicher Operette *Apple Blossoms* auf; der Schritt von der Revue zur Operette war also ihr nächster. Produziert wurde dieses Bühnenwerk von Florence Ziegfelds hartnäckigstem Rivalen, Charles Dillingham, der Star dieser Aufführung war John Charles Thomas, ein Mann mit Stentorstimme und ein Frauenidol der Nachmittagsvorstellungen. Zu dieser walzerseligen Operette steuerten die Astaires komische Elemente bei, die diesem Bühnenwerk sicherlich gut zu Gesicht standen. Diese Show wurde zu einem überwältigenden Erfolg für die tanzenden Geschwister, einen ähnlichen hatten sie bis zu diesem Zeitpunkt noch nicht genossen. Im Jahre 1921 versuchte Dillingham noch einmal, mit den Astaires und John Charles Thomas einen ebensolchen Erfolg mit Bewährtem zu erlangen. Die Show trug den Titel *The Love Letter*, aber die Zutaten waren zu schwach, so daß die Inszenierung sehr schnell vom Spielplan verschwand. Das Bemerkenswerteste an *The Love Letter* lag aber in der Tatsache begründet, daß Fred und Adele ihre namhafteste Tanznummer einbauen durften, den sogenannten »Oompah Trot«. Diese zündende Darbietung war überraschend einfach: Adele umkreiste die Bühne wie eine Marathonradrennfahrerin, während Fred sich immer wieder in einem Kopf-an-Kopf-Rennen näherte. Der Höhepunkt bestand aus einem unerwartet schnellen Abgang. Diese Sequenz zeigten die Astaires bis zum Ende der Dekade immer und immer wieder in einer Vielzahl von Shows und Revuen, wobei sie es nicht versäumten, sie zu perfektionieren. In einer Sequenz aus dem Film *A Damsel in Distress* (1937) konnte man diese amüsante Darbietung noch einmal bewundern. Freds Partnerin war hier Gracie Allen.

Die Astaires hatten nicht lange Gelegenheit, sich über den Mißerfolg von *The Love Letter* die Köpfe zu zerbrechen, denn

Die beiden Astaires in ›The Passing Show of 1918‹.

schon sehr bald danach hatten sie erneuten Grund zum Frohlokken: Für ihren Auftritt in einem gefälligen Trivialstück mit dem Titel *For Goodness Sake* erhielten sie eine lukrative Wochengage in Höhe von 800 Dollar. Ihre vielfüßige Clownerie paßte recht gut zu solch drolligen Nummern wie »The Whichness of the Whatness« und »Oh Gee, Oh Gosh, Oh Golly«, um welche herum eine possenhafte und schwache Handlung über junge Hochzeiter aufgebaut worden war. Die Show lief recht gut, aber für ihren Erfolg waren die beiden Astaires fast ganz allein zuständig. Um diese Zeit herum schrieb ein Kritiker in der *New York Post* etwas ganz Bezeichnendes:

»Adele ist eine sehr köstliche und lustige Person, und Fred bleibt in seinen Möglichkeiten nicht sehr weit hinter ihr zurück.«

Als nächstes kam ein Stück, zu welchem Jerome Kern die Musikpartitur geschrieben hatte. Es hieß *The Bunch and Judy*, und zum ersten Mal wurde eine recht eindrucksvolle Handlung direkt auf die Talente und Befähigungen der Astaires zugeschnitten. Das komplizierte Libretto besetzte Adele als einen Star der musikalischen Komödie, der in die Versuchung gerät, einen schottischen Aristokraten zu heiraten, während Fred darin eine zweitklassige Rolle eines komischen Emporkömmlings spielt, der sich um den Operettenstar kümmern darf, nachdem dieser sich zuvorkommenderweise ein Bein gebrochen hat. Die Astaires waren nahe daran, sich die eigenen Beine zu brechen, um dieses Stück über die Bühne zu bringen, aber die lauwarmen Kritiken sorgten für eine baldige Absetzung dieser musikalischen Komödie.

Durch den vorzeitigen Mißerfolg von *The Bunch and Judy* ein wenig aus der Bahn geworfen, nahmen die Astaires umgehend ein Engagement an, das ihnen die Möglichkeit verschaffte, ihre vorhergegangene Show *For Goodness Sake* unter einem neuen Titel, *Stop Flirting!*, in England aufzuführen. Das elegante London war recht bald durch die atemberaubende Vitalität von Fred und Adele gefangengenommen, und die Briten betrachteten diese beiden als einen willkommenen Import aus den Kolonien, seit eine Thespis-

1922: Adele und Fred in ›For Goodness Sake‹.

jüngerin aus den Staaten, Tallulah Bankhead, auf Londons Bühnen für schockierendes Furore gesorgt hatte. *Stop Flirting!* lief ein ganzes Jahr im Londoner Westend, und zwar, wie sich an der Laufzeit unschwer feststellen läßt, mit beachtlichem Erfolg. Diesen Erfolg nahmen die Astaires wohl auch dankbar auf, denn in Amerika hatte die Show ja nun weniger für Begeisterungsstürme gesorgt. Durch diesen Aufenthalt in London gewannen die Astaires eine lebenslange englandfreundliche Einstellung, und Fred entdeckte bei dieser Gelegenheit seine Vorliebe für Pferderennen. Adele mußte sich mit zahlreichen Verehrern beschäftigen, die der Gesellschaft entstammten und mit den entsprechenden Titeln ausgestattet waren.

London schien im Jahre 1924 der Verzweiflung nahe zu sein, denn die Astaires kehrten trotz ihres Englanderfolges an den Broadway zurück, wo sie in dem überaus erfolgreichen Stück *Lady Be Good* auftraten. Die Musik dazu hatte George Gershwin geschrieben, die Lieder trugen die Titel »The Half-of-It-Dearie Blues«, »Fascinating Rhythm« (mit aufreizender synkopischer Musik) und dazu der schwungvolle Titelsong; und hinzu kam eine auf Fred und Adele bezogene Handlung. Ihre private Bühnenverbindung wurde so dargestellt, daß Adele ein freches Straßenmädchen war, das von ihrem leichtfüßigen Verehrer (Fred) im Zaum gehalten und damit gebändigt wird. Zeitgenössische Fotos der Astaires erinnern an einen Cartoon von John Held jr., worin ein aktueller Collegeschüler zum Leben erweckt wird. Freds nonchalantes Aussehen, das ihm gut zu Gesicht stand, muß einen bleibenden Eindruck auf der Bühne hinterlassen haben, während er einer von Adeles Tanzpartnern war. Aber wie gewöhnlich war es wieder einmal die Schwester, die jeden gefangennahm, einschließlich der *New York Times*, die in ihrer Kritik vermerkte:

»Auch Fred Astaire trägt seinem Namen Rechnung.«

Bei der *Sunday Times* hielt sich die Kritik die Waage: »So wie (Gilbert und) Sullivan lustige Musik schreiben konnten, so übertragen die Astaires komische Elemente in den Tanz.« Aber auch hier fielen die Würfel zugunsten von Adele.

Bei Adele schien alles so mühelos auszusehen. Immer dann,

1924: ›Lady Be Good‹ – Kathlene Martyn (links), Adele und Fred.

wenn die Shows ihren Anfang genommen hatten und es abzusehen war, daß sie eine längere Laufzeit haben würden, verwendete Fred zahllose Stunden darauf, an seinen tänzerischen Fähigkeiten zu feilen. Adele konnte es nicht ausstehen, die Zeit mit sinnloser Proberei totzuschlagen. Aufgrund der Exaktheit ihres Bruders, der sich ständig wegen der Plackerei beklagte, nannte sie ihn »Moaning Minnie« (wehklagende Minnie), obwohl er es stets verstand, sein Publikum zu faszinieren, das nicht die Arbeit sah, die hinter seinem Tanz und hinter seinem Spiel stand.

Nach einem erneuten ausgedehnten Abstecher nach London, wo sie die britische Ausgabe von *Lady Be Good* spielten, sorgten Fred und Adele im Jahre 1927 erneut am Broadway für allgemeine

Erheiterung. Das Stück hieß *Funny Face* und entsprang einer weiteren Zusammenarbeit mit George und Ira Gershwin. Diesesmal spielte Fred den verschrobenen Leibwächter von drei heiratswütigen jungen Mädchen, wobei Adele den Part des ältesten übernommen hatte. Außerdem mußte sich Fred mit einem Taugenichts von einem Safeknacker herumschlagen, der sich am Vermögen der Familie schadlos halten will. Victor Moore spielte diese Rolle. *Funny Face* trug zunächst den Titel *Smarty*. Das Stück war mit einem schwachen Libretto belastet, aber die Musik war von verschwenderischem Reichtum, darunter die Songs »'S Wonderful«, »He Loves and She Loves«, und dazu das Titellied. Fred tanzte mit den Revuemädchen zu den Klängen von »High Hat«, und Adele befaßte sich mit der Nummer »The Babbitt and the Bromide«. Alles in allem war diese Revue wieder einmal ein geeignetes Betätigungsfeld für die Geschwister, wobei sie sich entsprechend ihrer Temperamente austoben konnten. Ihr letzter Triumph wurde auch in Hollywood zur Kenntnis genommen, das noch unter dem Eindruck erzitterte, den Al Jolson mit dem Film *The Jazz Singer* hinterlassen hatte. Und bevor sich die Astaires wieder wie gewöhnlich zur Wiederholung ihres Erfolges nach England einschifften, ließ die Paramount einen Teil aus *Funny Face* filmen, denn es waren wohl Überlegungen im Gange gewesen, für die Astaires ein geeignetes filmisches Betätigungsfeld zu finden. Es stellte sich aber heraus, daß die Filmtests einer Katastrophe glichen, und die Astaires konnten damit ihre Füße auf den Bühnenbrettern belassen.

Auch ihr nächster Auftritt auf der Revuebühne war unglücklicherweise nicht von Erfolg gekrönt. Abgesehen von den Astaires trat in der 1930 herausgebrachten Revue *Smiles* Marilyn Miller auf, des Broadways favorisierte tanzende Naive, außerdem stammte die Musik von Vincent Youmans, und hinzu kam alles, was sich bei Ziegfeld auf der Bühne bewährt hatte, wozu auch eine stattliche Menge Glorified Girls gehörte. All diese Elemente waren jedoch an ein schwerfälliges Libretto verschwendet, das eine ungewöhnliche Verbindung zwischen einer Seelenretterin der Heilsarmee (Miller) zu einem auf großem Fuße lebenden Burschen der Gesell-

1927: ›Funny Face‹ (v.l.n.r.) – Betty Compton, Adele Astaire, Gertrude McDonald, Fred Astaire.

schaft (Astaire) zum Inhalt hatte. Adele und Eddie Foy jr. steuerten das Komische hinzu. Dem Publikum und den Kritikern gefiel *Smiles* nicht, so daß es sich schwerfällig zwei Monate am Broadway halten konnte.

Nicht nur die Show war ein Mißerfolg gewesen, der einen hätte nachdenklich stimmen können, sondern auch Fred und Adele befaßten sich außerhalb ihrer gemeinsamen Abende auf der Bühne mit Vorfällen, die die Grundlage dafür boten, daß sich ihre zukünftigen Wege alsbald trennten. Um einem alten Freund, dem Produzenten Alex Aarons, einen Gefallen zu tun, verpflichtete sich Fred dazu, einen Song auf der Bühne zu interpretieren, der keine gute Vergangenheit gehabt hatte, als man ihn in Gershwins neuestem Musical, *Girl Crazy*, erprobt hatte. Die Nummer trug den Titel »Enbraceable You«, und das Mädchen, das auserwählt worden war, das Lied auf der Bühne zu singen, war eine rothaarige Naive und hieß Ginger Rogers. Fred und Ginger fanden Gefallen aneinander, und eine ganze Reihe von Abenden verbrachten sie gemeinsam tanzend in den verschiedensten Nightclubs. Aber es dauerte nicht lange, bis Ginger sich nach Kalifornien begab, um eine Karriere beim Film anzustreben. Die beiden verloren sich dadurch zunächst aus den Augen. Mittlerweile hatte Adele ihre einstmalige Verbindung zu einem gewissen Lord Charles Cavendish erneuert, den sie während der Laufzeit von *Funny Face* in London kennengelernt hatte. Ihre Liebschaft blühte und gedieh, und es dauerte nicht mehr lange, bis Adele verkündete, daß sie gedenke, nach ihrer nächsten Show mit ihrem Bruder Fred, den Tanz an den Nagel zu hängen, um nach Lismore Castle zu gehen, das in Irland lag, um nichts weiter zu sein als Lady Cavendish.

Wenn schon Adele daran dachte, die Bühne zu verlassen, dann wurde ihr das sicherlich nicht einfach gemacht, denn die Show *The Band Wagon* sorgte bei ihr für einen ruhmreichen Abgang. In Witz und Stil zu jener Zeit das *non plus ultra*, ging diese Revue mit Glanz und Gloria über die Bühnen. Das lag aber nicht zuletzt an dem herb-komischen Witz, den Howard Dietz und George S. Kaufman in die Handlung mit eingebracht hatten; abgesehen davon hatte Dietz gemeinsam mit Arthur Schwartz auch eine

Fred und seine Partnerin Marilyn Miller in ›Smiles‹ (1930).

fröhliche Musik hinzukomponiert, die Ausstattung war verschwenderisch, und die Darsteller der Nebenrollen, Frank Morgan und Helen Broderick, unterstützten das Ganze mit Spaß und Komik. Mit Helen Broderick sollte Fred noch einmal in seinem Film *Top Hat* zusammentreffen, dann in *Swing Time*, und Frank Morgan war erneut sein Partner in *Broadway Melodie of 1940*. Das handlungslose Format der Revue erlaubte es Fred Astaire, sich besser ins Licht zu stellen, als es jemals in seinen früheren Musical-Auftritten der Fall gewesen war. An einer Stelle stand er ganz allein im Brennpunkt des Geschehens, während die Musik zu »New Sun in the Sky« erklang, dann wieder erschien er in Fetzen auf der Bühne, während der »Beggar Waltz« erklang. In diesem »Bettlerwalzer« träumte er sehnsüchtig von einer Romanze mit der hochmütigen Wiener Ballerina Tilly Losch. Er und Adele versprühten gekonnt ihr komisches Talent als reifenspringende Gören in Paris in einem Sketch mit dem Titel »The Pride of the Claghornes«, worin Fred als Kavalier des Südens es ablehnt, die örtliche Schönheit Adele zu heiraten, als er erfährt, daß sie noch eine Unschuld ist. *The Band Wagon* näherte sich danach auf der Drehbühne seinem Höhepunkt, während man ein bayerisches Volksfest zu Gesicht bekommt, wo die gesamten Revuemitglieder ein herzhaftes »I Love Louisa« brüllend anstimmen. Nachdem die Show am Broadway gelaufen und noch in Chicago zur Aufführung gelangt war, hielt sich Adele unglücklicherweise an ihr Wort und verließ das Karussell in *The Band Wagon*. Im Sommer des Jahres 1932 heiratete sie Lord Cavendish.

Wie Fred Astaire berichtete, schlug seine erste ernsthafte Liebesbeziehung erst dann Wurzeln, als Adele ihm und der Bühne aus Gründen ihrer Heirat den Rücken gekehrt hatte. Während in New York noch *The Band Wagon* gegeben wurde, lernte er ein hübsches Mädchen kennen, Phyllis Potter nämlich, die aus Long Island stammte und dort Teil einer vergnügungsfreudigen Gesellschaftsschicht war. Phyllis Potter wußte sehr wenig über das Showbusineß und kümmerte sich auch gar nicht um das Milieu, dem Fred sein Herz geschenkt hatte. Zu diesem Zeitpunkt war Freds Bühnentätigkeit ihm das Wichtigste, und sein Privatleben stand weit hinter seiner Karriere, aber Adeles Fortgang und sein wachsendes Interesse an Fräulein Potter verlagerten die Prioritäten um einiges. Im Juli des Jahres 1933 heirateten die beiden, nur ein paar Tage vor Astaires unter guten Vorzeichen stehenden ersten Reise nach Hollywood.

Angesichts einer so glücklichen Wende in seinem Privatleben, und nachdem *The Band Wagon* nicht mehr aufgeführt wurde, mußte Fred Astaire plötzlich feststellen, daß er sich in der gravierendsten Krise seiner beruflichen Karriere befand. Ohne seine Schwester hatte er bislang nie einen Fuß auf eine Bühne gesetzt und niemand traute es ihm zu, ein ganzes Musical allein auf seine schwachen Schultern zu laden. Niemand hatte auch je Zweifel an seinen tänzerischen Fähigkeiten, aber sein unterkühlter Charme

Fred und seine Partnerin, die Tänzerin Tilly Losch. Das Stück: ›The Bandwagon‹ (1931).

hatte niemals Jubel hervorgerufen, mit dem man die allseits beliebte Adele überhäuft hatte. Ein Ergebnis stand nun von vornherein für Fred schon fest: Sein nächstes Stück würde das Kritischste seines bisherigen Lebens sein. Würde es ein Mißerfolg werden, dann würde man die Schuld daran ganz allein ihm zuschieben können.

Eine Wende stellte sich ein, als Katherine Cornells Ehemann, der Produzent Guthrie McClintic, Fred Astaire für eine dramatische Rolle einspannen wollte, aber Astaire fürchtete sich gewaltig davor, einen solchen Schritt zu unternehmen, der mit seiner Arbeit in der Vergangenheit kaum etwas zu tun hatte. Anstelle dessen wandte er sich wieder einem Musical zu, das unter dem Titel *Gay Divorce* in Arbeit war. Unter den Attributen der Show befand sich eine attraktive Musikpartitur von Cole Porter. Hinzu kam eine bezaubernde neue Partnerin für Fred Astaire, nämlich Claire Luce, die eine gewisse Ähnlichkeit mit Ginger Rogers hatte, allerdings auf einer leicht höherstehenden sozialen Ebene. Unglücklicherweise schien es so, als hätte man das Libretto aus Abfallprodukten aus Noel Cowards Papierkorb zusammengeschustert; trotz seiner vielen geistreichen Lieder hatte die Show bereits im Jahre 1932 ihre vormaligen Reize verloren, wobei es darum geht, daß eine junge Lady durch ein Techtelmechtel mit einem anderen Mann auf eine Ehescheidung zusteuert.

Die Kritiken nach der ersten Vorstellung waren nicht sonderlich gut, und auch Astaires erstes Auftreten ohne Adele wurde von den Rezensenten mit gespaltener Zunge kritisiert. Trotzdem gelang es der Show, sich beachtliche sieben Monate am Broadway zu halten. Das lag wohl aber zum größten Teil am Erfolg des populären Songs »Night and Day«; außerdem hatten die Produzenten dafür gesorgt, daß verbilligte Eintrittskarten in Umlauf gebracht worden waren. Tatsächlich aber wurde *Gay Divorce* nicht nur durch den Erfolg des Songs »Night and Day« vor einer vorzeitigen Pleite gerettet, das Stück enthüllte auch in der Person von Fred Astaire darstellerische Qualitäten, die ihm vorher überhaupt nicht bewußt gewesen waren. Vor diesem Musical war Astaire nie eine Art romantische Figur gewesen, und er hatte auch erhebliche Schwierigkeiten, das Publikum in den Passagen der Show bei entsprechender Laune zu halten, wo weder musiziert noch getanzt wurde. Aber sobald sich Fred Astaire und Claire Luce zu den Klängen der Musik wiegten, schien ein erotisierendes Knistern in der Luft zu liegen. Durch diese »Night and Day«-Sequenz erlangte Astaire eine neue Dimension, die sein Werk in den nächsten drei Dekaden bestimmen und beherrschen sollte.

Obwohl zu jenem Zeitpunkt niemand davon Kenntnis nahm, schien dieses Solodebüt Astaires Abschied von den Brettern des Broadways zu bedeuten, wobei man neuen Entwicklungen im dreitausend Meilen entfernten Hollywood dankbar dafür sein muß. Die positive Reaktion auf *42nd Street (1933)*, ein Filmmusical der Warner Brothers, hatte das Genre des Filmmusicals aus einem Dornröschenschlaf erweckt, und zwar über Nacht, und ein Studio versuchte verzweifelt dem anderen mit diesem Filmgenre den Rang abzulaufen. Die RKO folgte Warner Brothers in dieses bisher brachliegende Genre mit dem großangelegten Film *Flying Down to Rio*, wobei das Studio für Fred Astaire eine wichtige Rolle vorgesehen hatte. Die Möglichkeiten dieses neuen Mediums forderten ihn auf breiter Basis heraus; abgesehen davon erkannte er sofort die nächste Möglichkeit, denn er konnte sich auf diese Art und Weise dem Bereich seiner Schwester entziehen und eine eigene, nur auf seine Person bezogene Karriere anstreben. Den Kinobesuchern war Adele Astaire ebenso unbekannt wie Fred Astaire.

Aus diesen Gründen machte Astaire Luftsprünge, als ihm die RKO-Leute einen Vertrag unter die Nase hielten, der ihm pro Woche 1500 Dollar verhieß. Von diesem Zeitpunkt an plante er seinen Angriff auf den Film, nachdem der letzte Vorhang für *Gay*

Mit Claire Luce in ›Gay Divorcee‹ (1932).

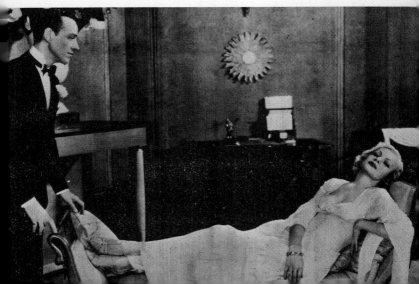

Divorce in New York gefallen war. Nichtsdestotrotz blieb er aber trotzdem der klare Kopf und versäumte es nicht, sich anderen Optionen gegenüber offen zu halten; was auch immer bei *Flying Down to Rio* herauskommen mochte, Astaire hatte sich die Mühe gemacht, *Gay Divorce* nach London zu bringen, sobald sein Filmdebüt abgeschlossen war. Solche Vorsichtsmaßregeln hatten durchaus etwas mit der alten »Moaning Minnie«-Paranoia zu tun, aber Astaire hatte für alle Fälle vorgesorgt, denn trotz aller ihrer Ermunterungen besaßen die RKO-Leute keineswegs eine klare Vorstellung von dem, was sie nach ihrer Herausforderung schließlich und endlich mit Fred Astaire anzustellen gedachten.

Eine herrliche Romanze

Astaire kam im Sommer 1933 in Hollywood an und mußte entdecken, daß der großangekündigte Film *Flying Down to Rio* irgendwie inmitten von Problemen der Produktionsvorbereitung steckengeblieben war. Während die RKO versuchte, aus diesem unübersichtlichen Sumpf herauszufinden, erklärte sie sich bereit, Astaire an David O. Selznick auszuleihen. Selznick hatte vor gar nicht langer Zeit die RKO verlassen, um sich im Reich seines Schwiegervaters L. B. Mayer, der MGM, eine arbeitsreiche und mühevolle Nische einzurichten. Er arbeitete augenblicklich an *Dancing Lady* (Ich tanze für dich), seinem neuesten Projekt eines extravaganten Musicals mit Clark Gable und Joan Crawford. Die RKO hoffte, daß dieser Film Fred Astaire mühelos beim Kinopublikum einführen würde, während MGM von dem Tänzer erwartete, er würde der gewöhnlichen Handlung einen Hauch von Glanz verleihen. Astaires Leinwanddebüt ist jedoch so flüchtig und sorglos inszeniert, daß er höchstens einen unbewußten Eindruck hinterlassen konnte.

Joan Crawfords Popularität hatte kürzlich einen Rückschlag erlitten, ihre Karriere war auf einem Tiefpunkt angekommen. Deswegen konzentrierte *Dancing Lady* seine ganze Energie auf die Wiederherstellung der allbekannten Crawford-Ode an die soziale Beweglichkeit in der flotten »schaumäßigen« Mode, die im Jahr zuvor in *42nd Street* so erfolgreich vorgeführt worden war. *Dancing Lady* half der Crawford zu dieser Zeit enorm, tat aber absolut nichts für die anderen Teilnehmer an diesem Unternehmen. Gable weigerte sich entschieden, den Fußstapfen von Warner Baxter in seiner Rolle des überempfindlichen und aufbrausenden Broadway-Regisseurs zu folgen, und mußte schließlich dazu gezwungen werden, die Rolle in Angriff zu nehmen. Was Fred Astaire betrifft, er taucht nur gerade lange genug auf, um Joans Leinwandkrönung als Königin des Tanzes zu begleiten. Er tritt als er selbst auf und huscht nur hin und wieder für ein paar kurze

Stepschritte mit Joan Crawford durch den Film, verschwindet dann, bis er schließlich für die riesige Tanznummer auf dem Höhepunkt des Films wieder auftaucht. Diese Sequenz zeigt, warum die meisten Musicals der MGM in den dreißiger Jahren so schwunglos waren; sie imitiert, wie die meisten der späteren Kopien, die typische Üppigkeit und Reichweite von Busby Berkeleys Werken, ohne jedoch auch nur im geringsten dessen witzige Perversitäten oder den gewisssen Blick für eindrucksvolle Bilder einzufangen. Fred und Joan beginnen in Abendgarderobe ein Lied und einen Tanz zu den Klängen von »Heigh Ho, The Gang's All Here« und gleiten dann auf einem Zauberteppich in einen deutschen Biergarten, um in Lederhose und Dirndl ein ausdrucksloses »Let's Go Bavarian« vorzutragen. Diese Nummer ist eindeutig »I Love Louisa« aus *The Band Wagon* nachempfunden und versucht, denselben verstohlenen Humor auszudrücken, doch das Ergebnis erweist sich ausschließlich als durchtrieben und unbehaglich. Die Sequenz schafft es verdrehterweise, Joan Crawfords Grenzen als Tänzerin herauszustellen, während sie Astaire gleichzeitig zu flotter Anonymität reduziert. Die Nummer ist für Astaire eine Kleinigkeit, denn es wird von ihm in Wirklichkeit nicht mehr verlangt, als ausgiebig zu lächeln, die Schrittfolgen richtig zu bringen, und aufzupassen, daß die Crawford nicht von dem fliegenden Teppich herunterfällt.

Falls sich die RKO darüber den Kopf zerbrochen hatte, wie man Astaire seit seinem Eintreffen in Hollywood möglichst effektvoll einsetzen konnte, gab ihr sein Auftritt in *Dancing Lady* sicherlich keine wertvollen Hinweise. Im Jahre 1933 waren die meisten männlichen Filmstars entweder so hartgesotten wie Cagney oder so gutaussehend wie Gary Cooper oder Cary Grant, oder gleichzeitig beides, wie Gable. Wenn Astaire überhaupt an irgendeinen der bekannten Filmlieblinge erinnerte, so am ehesten an Stan Laurel. Als *Flying Down to Rio* schließlich vor die Kameras kam, wählte das Studio einen leichten Ausweg und besetzte ihn als den munteren, sexuell reizlosen Freund des Hauptdarstellers. Ein reiner Zufall brachte seine alte Bekannte Ginger Rogers zu der Rolle seiner weiblichen Partnerin, obwohl sie sicherlich weit davon

Der erste Film in Hollywood – ›Dancing Lady‹ (1933): Fred Astaire und Joan Crawford als Bayern.

entfernt war, asexuell zu sein. Ginger Rogers hatte zwar die Hauptrolle in ein paar unwichtigen Filmen gespielt, doch sie hatte in ihren drei Jahren in Hollywood keine wesentlichen Fortschritte erzielt. Sie war immer noch eine ausgesprochene Soubrette und am ehesten durch ein paar kleine Auftritte in den Musicals von Busby Berkeley bekannt, besonders durch ihr Lied »We're in the Money« in *Gold Diggers of 1933*, das sie in leicht aufdringlicher Art gesungen hatte. Soweit es Ginger betraf, war *Flying Down to Rio* nur eine weitere Aufgabe; niemand hegte den Verdacht, daß in dem Augenblick, als Ginger Fred für einen versuchsweisen »Carioca« auf die Tanzfläche zog, eines der herrlichsten Zwischenspiele in der Geschichte des Kinos eingeleitet wurde.

Die Schauplätze wechseln. Fred trifft zum ersten Mal im Film mit seiner Tanzpartnerin Ginger Rogers zusammen. Die Mädchen vom Ballett dürfen nicht fehlen. Szenenfoto aus ›Flying Down to Rio‹ (1933).

Links: Impressionen während einer Drehpause von ›Dancing Lady‹ (Ich tanze für dich, 1933). Fred Astaire, Joan Crawford und Clark Gable in der Mitte, der Regisseur Robert Z. Leonard rechts in seinem Stuhl, im Hintergrund Beleuchter und Kameraassistenten, im Vordergrund die Damen vom Ballett.

Die Musicals waren zu keiner Zeit so angestrengt extravagant und fröhlich wie in den Tiefen der Depression, und *Flying Down to Rio* nimmt dieses Konzept wörtlich. Der ganze Film dreht sich um den Begriff der Flucht in der glanzvollsten Bedeutung, die man sich im Jahre 1933 vorstellen konnte – der Luftfahrt. Der amerikanische Bandleader Gene Raymond verfolgt die widerspenstige brasilianische Debütantin Dolores Del Rio den ganzen langen Weg von Miami bis Rio de Janeiro im Flugzeug und dehnt damit die Politik der »guten Nachbarschaft« zu einem lächerlichen Umfang aus. Sie

Fred und die Hauptdarstellerin von ›Flying Down to Rio‹ (1933). Sie trägt auch gleich den passenden Namen: Dolores Del Rio.

verlieben sich in seinem Privatflugzeug, kriegen sich bereits in der Luft in die Haare und werden sogar zwischen den Wolken von einem zuvorkommenden Piloten getraut, während Raymonds lateinamerikanischer Rivale Raul Roulien niedergeschlagen mit dem Fallschirm in Richtung »sichere Erde« unterwegs ist. Sogar das Titellied wird von einigen Dutzend masochistischer Chormädchen ausgelassen auf dem bedenklichen Tanzboden von Flugzeugflügeln dargeboten.

Wie bereits aus der drittklassigen Nennung ihrer Namen unter dem Titel zu erkennen ist, treiben sich Fred und Ginger nur am Rande der Handlung herum und werden hauptsächlich als eine Art scherzender »Griechischer Chor« eingesetzt, als Gegensatz zu den amourösen Handlungen von Raymond und Dolores Del Rio im

Mittelpunkt. Als begleitende Bandsängerin Honey Hale und Akkordeonspieler und gleichzeitig bester Freund Fred Ayres haben Rogers und Astaire so wenig mit der Handlung zu tun, daß um sie nicht einmal eine nebensächliche Liebesgeschichte aufgebaut wurde – sie sind einfach nur Kumpel, die allein deswegen zusammengeworfen werden, weil sie für dieselbe Band arbeiten. Obwohl Fred gezwungen ist, nichts weiter als jungenhafte Herzlichkeit in beinahe verhängnisvollen Dosen zu verbreiten, und Honey nur ein weiteres Chormädchen à la Busby Berkeley mit ein paar mehr Textzeilen ist, strahlen Astaire und Rogers positiverweise eine Munterkeit aus, die wohltuend von dem minderwertigen Spülwasser absticht, das sie umgibt.

Gene Raymond und Dolores Del Rio sind genauso nichtssagend wie sie schön sind, und während sich die Heldin vergeblich mit Zeilen wie »Wenn ein brasilianisches Mädchen etwas anfängt, muß es das beenden« herumschlägt, schwelgen Fred und Ginger in der munteren Musik von Vincent Youmans. Ginger führt nicht nur die Luftdivision in der Titelnummer an, sie trägt auch das ansteckende »Music Makes Me« in ihrem geschmeidigen nasalen Stil vor, wobei sie in ein transparentes schwarzes Schleierkleid gehüllt ist, das ein Vorläufer der Kreationen von Frederick's of Hollywood sein könnte. Astaire legt mit Dolores Del Rio zu den Klängen von »Orchids in the Moonlight« einen Tango mit nebensächlichem Einschlag auf das Parkett, macht ihn aber mit seiner Stepwiederholung von »Music Makes Me« mehr als wett. Es ist dies sein erster Solotanz im Film und ein erheiterndes Versprechen für die Zukunft.

Dazwischen tanzen Fred und Ginger natürlich Kopf an Kopf und Hüfte an Hüfte den »Carioca«, ihren ersten gemeinsamen Tanz, und verblüffen damit die Schar der »Ersatzbrasilianer«, und, in den Worten von Ginger, »zeigen ihnen mal eine Nummer oder drei«. Tatsächlich ist diese Nummer, im Vergleich zu ihrer späteren Teamarbeit, anziehend genug, aber kaum überwältigend. Sie werden von der albernen Choreographie gelähmt, und man erlaubt ihnen nur zwei kurze Durchläufe, bevor abwechselnd Horden von schwarzen und weißen Statisten in schwarz-weißen Kostümen die

Dekoration des neumodischen lateinamerikanischen Cafés überfluten. Und trotzdem ist da bereits irgend etwas Besonderes in ihren einstudierten Schrittfolgen auf dem Tanzparkett – ein köstlicher Sinn für Verschwörung, der zwischen Fred und Ginger funkt, wenn sie sich beim Tanzen anblicken.

Die einzige große musikalische Sequenz, die sich nicht auf das Talent von Fred und Ginger konzentriert, ist die Nummer »Flying Down to Rio« selbst, doch sogar hier kann sich Astaire bei einer Strophe des Liedes völlig frei entfalten, während die Chormädchen vorbeischweben. »Fühlt sich an wie eine neue Erregung«, murmelt eine unglückliche Blondine, während sie auf dem Flügel eines Doppeldeckers festgezurrt ist, und erregend ist es wirklich. Das ist wahrscheinlich die einzige Produktionsnummer in allen Filmen von Astaire und Rogers, die wirklich in ihrer spektakulären Albernheit Busby Berkeley gleichkommt, und sie liefert dem Film einen visuellen Auftrieb, der ansonsten der bodenständigen Regie von Thornton Freeland fehlt.

Die Begierde des Publikums nach einer sofortigen Wiedervereinigung von Fred und Ginger, dieses Mal in romantischer Großaufnahme, blieb der RKO nicht lange verborgen. Bei seiner Suche nach einem unmittelbaren Nachfolger für das neue Team bearbeitete das Studio äußerst logisch Astaires letztes Bühnenstück für den Film. Zu der Grundstruktur des Stückes fügte die RKO einige der angenehmeren Elemente von *Flying Down to Rio* hinzu – unwahrscheinlich glamouröse Albino-weiße Dekorationen, die weitentfernte Schauplätze darstellten, und einige naheliegende Lieder und Tänze, welche in einer auffallend extravaganten Nummer gipfelten, die zu den Klängen einer neuartigen Tanzuntermalung entwickelt wurde. Das Ergebnis war *The Gay Divorcee* (Scheidung auf amerikanisch, 1934), und trotz all seiner rauhen Kanten etablierte der Film sofort die Persönlichkeit des Teams Astaire und Rogers, die mit nur unwesentlichen Abwandlungen in den acht nachfolgenden Filmen, die sie zusammen machen sollten, erfreulich gedieh.

Der muntere Jugendliche, den Fred in *Flying Down to Rio* darstellte, war mit *The Gay Divorcee* zu einem außerordentlich

Fred,
Ginger Rogers und
die »Carioca«-
Sequenz aus
›Flying Down
to Rio‹ (1933).

anziehenden herangewachsen. Astaire war, als der hochklassige Berufstänzer Guy Holden, zu einem leichtfüßigen, bescheidenen jungen Mann aus der Großstadt gewandelt worden, der seinen heiteren Launen zu jedem möglichen glitzernden Schauplatz folgt, zu dem sie ihn führen mögen. Er beteuert, daß Tanzen seine Berufung sei und nicht mehr, doch das ist nur eine leere Pose – sie sichert ihm ein wahnsinniges Ventil für seinen Frohsinn und seine unbezähmbare Sehnsucht nach Romantik. Er sieht sich selbst als galanten Ladykiller, doch seine kernigen Aussprüche verraten in Wirklichkeit nur seine nervöse Tolpatschigkeit gegenüber dem vernichtenden Blick einer Sachverständigen in puncto Männern, wie Gingers Mimi Glossop. Aber sobald die Worte von der Musik

›The Gay Divorcee‹ (Tanz mit mir/Scheidung auf amerikanisch, 1934): Edward Everett Horton und Fred Astaire.

Links oben: Edward Everett Horton, der Komödiant, versucht sich beim Tanz mit Betty Grable: ›The Gay Divorcee‹ (Tanz mit mir/Scheidung auf amerikanisch, 1934). Fred Astaire schaut schmunzelnd zu.

Links unten: ›The Gay Divorcee‹ (Tanz mit mir/Scheidung auf amerikanisch, 1934), der erste von sechs Filmen unter der Regie von Mark Sandrich: Ginger und Fred.

abgelöst werden, wird er natürlich tatsächlich zu dem gewandten und zärtlichen Liebhaber, für den er sich immer gehalten hat.

Als Mimi durchläuft Ginger die Wandlung von dem einstmaligen frechen Starlet zu der renommierten Hauptdarstellerin von allen nachfolgenden Auftritten. Ihre geblümten Kleider, der freche Gesichtsausdruck und die sorgfältig gelockte Frisur sind Überbleibsel ihrer schnell in Vergessenheit geratenen Tage als Starlet, doch sie hat bereits die Pose der allwissenden Unschuld angenommen, die für den Rest der Dekade mit Astaire zu ihrem

Markenzeichen wurde. Ginger ist nun zweifellos bürgerlich geworden und zeigt nach außen hin eine einfältige Ansicht über die Motive ihrer Mitmenschen, besonders die der Männer. Doch Gingers Zynismus ist in Wirklichkeit nur eine Art Selbstverteidigung, wie Freds Selbsttäuschungen. Ihr Ärger über Freds aufdringliche Avancen bildet nur ein unvermeidliches Grundgesetz für die Liebeswerbung auf der Leinwand in den dreißiger Jahren. Sobald sie lange genug dagegen protestiert hat, von Fred und der Musik betört zu werden, überwältigt das Gefühl ihre Skrupel, und ihre Zurückhaltung löst sich in Luft auf. Im Herzen ist sie genauso romantisch wie er, wenn auch etwas bedächtiger. Zusammen bauen sie ein so außergewöhnliches Elektrizitätsfeld auf, daß sogar die gröbsten Schnitzer des Films als unbedeutend übergangen werden können.

Es ist schade, daß die Handlung von *The Gay Divorcee* die Theaterkritiker in New York so befremdete, denn sie scheint hier doch ihre Dienste wirklich ideal zu erfüllen, wenn auch ein bißchen umständlich. Wie viele ihrer späteren Stoffe ist es wirklich eine Geschichte über die Liebe, die zwischenzeitlich durchkreuzt wird, da Ginger Fred für einen anderen gehalten hat, bis sie schließlich die Zuneigung eingesteht, die sie für ihn von Beginn an gehegt hat. In diesem Fall befindet sich Ginger in London, um sich von ihrem Ehemann, einem Geologen, der ständig unterwegs ist, scheiden zu lassen, und sie verwechselt Fred mit dem Berufsgigolo, der angeheuert wurde, um als ihr Liebhaber anzutreten, damit sie ihr Urteil erhalten kann. Schließlich entdeckt sie nicht nur, daß Astaire ihr aus rein persönlichen Gründen den Hof gemacht hat, sondern auch, daß ihr verabscheuter Mann ein Bigamist ist, was die Scheidung schließlich unnötig macht.

Fred und Ginger sind zur komischen Ausschmückung von einer Galerie von grotesken Figuren mittleren Alters, gleichermaßen männlich und weiblich, umgeben. Von der Bühnenversion wurde Eric Rhodes als der bezahlte Freund geholt, ein unbezähmbarer italienischer Tenor, der sich auf erschöpfte Entrüstung und seltsame Verdrehungen der englischen Sprache spezialisiert. Für den wunderlichen Kellner wurde Eric Blore engagiert, der die nächsten

»Night and Day«: Ginger und Fred tanzen zu Cole Porters Musik in ›The Gay Divorcee‹ (Tanz mit mir/Scheidung auf amerikanisch, 1934).

Jahre damit verbrachte, unaufhörlich die Nase über das schlechte Benehmen des ihm in der gesellschaftlichen Stellung überlegenen Edward Everett Horton zu rümpfen, der als Astaires unheilbar angesäuselter Vertrauter eingesetzt wurde. Auf der weiblichen Seite spielt Alice Brady die erste in einer Folge von luchsäugigen Anstandsdamen von Ginger.

Mit diesen Nebendarstellern wird viel mehr Zeit verbracht, als es eigentlich nötig wäre, doch glücklicherweise wird das Gleichgewicht in den musikalischen Nummern wiederhergestellt, die gleichermaßen um ihrer selbst willen herrlich sind, wie auch für das, was sie über Fred und seine Liebste enthüllen, während der Film abläuft. Astaire verliert keine Zeit, wenn es darum geht, seine Talente vorzuzeigen – kaum fünf Minuten nach der Aufblendung wird Fred auf die Tanzfläche geschoben, um sein Abendessen abzutanzen, da er in einem Pariser Lokal die Rechnung für seine Mahlzeit nicht begleichen kann. Er ärgert sich darüber, daß er gezwungen wird zu tanzen, obwohl er auf Urlaub ist, und läßt seinen Körper vor Langeweile erschlaffen. Doch bald packt ihn der Rhythmus von »Don't Let It Bother You«, und er wirbelt durch den Raum in Kaskaden von Stepschritten, trotz seines inneren Widerwillens. Das Zusammentreffen mit Ginger gibt ihm schließlich einen wichtigen Grund zum Tanzen, und zum Klang von »A Needle in a Haystack« enthüllt sich wirklich die definitive Persönlichkeit von Astaire zum erstenmal. Astaire steppt nicht länger nur flott ins Leere, sondern schließt die Gefühlsregungen der Figur und jeden Gegenstand, den er berührt, in den Aufbau seines Tanzes ein. Zuerst singt er eindringlich über sein Bedürfnis, Ginger wiederzufinden, dann schwebt er über das Sofa in seiner Garderobe, segelt durch den ganzen Raum und schlägt in der Luft seine Absätze zusammen, und landet leichtfüßig und aufgerichtet auf dem Sitz eines bequem gelegenen Stuhls, wobei er sich in der Zwischenzeit aus seinem Schlafrock geschält und adrette Straßenkleidung angelegt hat, ohne auch nur einen Augenblick seinen Schritt zu unterbrechen.

Zur Halbzeit des Films, wenn sich Astaire (und das Publikum) zu fragen beginnt, ob er wohl jemals bei Ginger Fortschritte machen würde, verführt er sie zu dem leidenschaftlichen »Night and Day«, und ihre magische Partnerschaft verwandelt sich plötzlich. Astaire singt diesen einzigen Song von Cole Porter, der von dem Bühnenstück übernommen wurde, mit unglaublicher Leidenschaft und Inbrunst und übertrifft dann noch diese Intensität, wenn er Gingers heimlichen Fluchtversuch vereitelt und sie buchstäblich in seine choreographierte Knechtschaft zieht. »Night and Day« hat nicht den technischen Schliff ihrer späteren im Tanz verschlüsselten Dialoge – die Schritte erfüllen noch einen Selbstzweck, und Ginger durchlebt einige unsichere Augenblicke, die ihre Unerfahrenheit bei solchen Dingen verraten –, doch diese Art der Perfektion sollte bald mit der Zeit und mit der Übung kommen.

Die Stärke der Nummer ist ihre berauschende Gefühlsseligkeit.

Einige ihrer Duette übermittelten Ekstase, andere Schmerz, doch diese dreht sich ausschließlich um unverhülltes physisches Verlangen. Astaire und Rogers entzünden zwischen sich eine so überzeugende Aura von eleganter Sinnlichkeit, daß man es fast für unfein hält, sie dabei zu beobachten. Im Finale der Nummer blickt Ginger zu Fred mit einem Ausdruck betäubter und erotischer Verwunderung auf – das hätte lächerlich wirken können, aber keine andere Reaktion wäre der Situation gerecht geworden. Es ist kaum verwunderlich, daß sich Astaire gegen ein Übermaß von Liebesszenen in seinen Filmen mit Rogers stellte, denn sie wären völlig überflüssig gewesen.

Nach »Night and Day« wirkt »The Continental« mit seiner ganzen gezierten Erhabenheit ziemlich unsinnig. Die Nummer hält sich eng an das Rezept, das im Jahr zuvor von Choreograph Dave Gould für »The Carioca« zusammengebraut worden war: Man nehme eine packende Melodie, lasse daran endlose rhythmische Variationen vermittels einer unendlichen Kette von Reprisen aus, füge zur Abwechslung einige Solosänger und Tänzer hinzu, überwältige sie mit Dutzenden von überschwenglichen Choristen in schwarz-weißen Kostümen, versetze die ganze Sache in eine ungeheuere weiße Kulisse und fotografiere sie aus der Perspektive einer vorbeifliegenden Möwe. Wenn diese ganzen Aktivitäten hinreichend abgeflaut sind, brechen Fred und Ginger hervor und stellen eine weitere Facette ihrer tänzerischen Zusammenarbeit zur Schau. Sie gleiten umeinander herum, während ihre Arme wie anschmiegsame Doppeldecker aneinandergelegt sind. Sie sind nicht nur Meister ihres Faches, denn, was noch wichtiger ist, sie scheinen sich dabei ausgezeichnet zu unterhalten. Der von ihnen geschaffene infektiöse Nachglanz macht sogar die letzten musiklosen fünfzehn Minuten des Films erträglich, die der Verknüpfung der losen Fäden dieser beharrlichen Handlung gewidmet sind. *The Gay Divorcee* erfüllte das Versprechen von Freds zufälliger Begegnung mit Ginger in *Flying Down to Rio* mehr, als jeder hätte erwarten können.

Die über Nacht aufgetauchte Fangemeinde von Astaire und Rogers konnte nur drei Monate lang wieder zu Atem kommen, bevor *Roberta* (1935) ihr einen dritten gemeinsamen Auftritt bescherte. Zum einzigen Mal in ihrer gemeinsamen Karriere teilten Fred und Ginger das Licht der Scheinwerfer und die Filmmeter mit einer weiteren Leuchte der RKO, doch sie hatten wirklich die bessere Hälfte des Abkommens ergattert; während sich Irene Dunne mit der schwülstigen Handlung herumschlägt, haben Fred und Ginger nur eitles Vergnügen. Wie in *Flying Down to Rio* verbringen Fred und Ginger ihre meiste Zeit damit, sich über die holperige Liebesaffäre von jemand anderem auszulassen. Und wie *The Gay Divorcee* wurde *Roberta* nach einem erfolgreichen Broadway-Musical bearbeitet, dessen Libretto anerkanntermaßen das geringste seiner Vorzüge war.

Jerome Kern war von den ganzen berühmten Liederschmieden der dreißiger Jahre zweifellos der anachronistischste, und im Inneren ist *Roberta* nur eine Operette im »Lavendel-und-Spitzen-Stil«, die mit *modernem* Crêpe de Chine ausstaffiert wurde. Irene Dunne porträtiert eine russische Prinzessin, die in England aufgezogen wurde und die von ihrem Schicksal und Herrn Lenin dazu degradiert wurde, für das Modehaus Roberta in Paris Kleider zu entwerfen. Doch die Revolution war nichts im Vergleich zu ihrem Gefühlstrauma bei ihrer Begegnung mit Randolph Scott, dem tölpelhaften amerikanischen Neffen der Inhaberin. Der puritanische Scott erbt das Geschäft nach Robertas Tod, und ihre Romanze erleidet einen Tiefschlag, als die eifersüchtige Irene Scotts vormaliger amerikanischer Braut eine aufdringliche schwarze Satincréation verkauft und damit den rechtschaffenen Helden zur Raserei treibt. Viel zu vorhersagbar werden sie im Couture-überladenen Finale wieder vereint, unter der wissenden Beihilfe der sarkastischen Cupidos Fred und Ginger.

Fred und Ginger schlendern durch diesen Morast, vergnügt immun gegen den muffigen Kitsch, der die Leinwand immer dann durchtränkt, wenn sie aus dem Blickwinkel entschwinden. Nachdem sie mit *The Gay Divorcee* ihre Lebensfähigkeit als Team unter Beweis gestellt hatten, sonnen sie sich hier einfach in dem mühelosen Vergnügen der gegenseitigen Gesellschaft. Als Bandleader Huck Haines (von den »Wabash Indianians«) kehrt Fred seine

›The Gay Divorcee‹ (Tanz mit mir/Scheidung auf amerikanisch, 1934). Ginger Rogers und Fred Astaire tanzen den »Continental«.

besten ungestümen, pöbelhaften, auswärtigen Manieren hervor, amüsiert sich köstlich, als er erfährt, daß die Gräfin Scharwenka, die »singende Sensation von Paris«, niemand anderes als eine gewisse Lizzie Gatz ist, mit der er sich bei vielen Tennenfesten herumgetrieben hatte, bevor sie ihre Konsonanten verlor und diesen Titel annahm. Mit ihrem gutturalen Knurren und überschäumenden Temperament verspottet Ginger geistreich witzelnd Lyda Roberti, die als des »Broadways bevorzugte polnische Blondine« angekündigt wurde und Rogers' Vorgängerin in der Rolle war. Normalerweise stolziert Ginger bei Freds unschuldigen Vergehen hocherhobenen Hauptes davon, doch hier sind sie Verschworene bei demselben Jux.

Ihr schmachtender Co-Star Irene Dunne, die für solche Sachen

Das Traumpaar tanzt sich ein: Ginger Rogers und Fred Astaire in ›Roberta‹ (1935). Der Song: »I'll Be Hard to Handle« – Fred nimmt die Herausforderung an.

schwärmte, erledigt die milderen Refrains von Jerome Kern. Sie zittert strahlend zu den Klängen von »Lovely to Look At«, während ihre »Sotto Voce«-Interpretation von »Yesterdays« für die sterbende Mme. Roberta (Helen Westley) dem Film einen seiner wenigen wirklich sanften Momente liefert. Unglücklicherweise ertränkt sie die hübscheste Melodie des Filmes, »Smoke Gets in Your Eyes«, in einem Meer von Tapferkeit und versteckt ihre Tränen hinter einem starren Grinsen aus Rücksicht auf ihre Umgebung, als Scott betrunken aus ihrem Leben wankt. In der Zwischenzeit erweitern Fred und Ginger ihre spielerische Kameraderie auf die fröhlicheren Nummern, die Kern für sie reserviert hat. Fred bringt zu dem munteren »Let's Begin« einen Stomp, und Ginger brüllt mit »I'll Be Hard to Handle« eine Warnung vor ihrem lebhaften polnischen Temperament heraus. Fred antwortet unerbittlich mit »I Won't Dance« auf Gingers dringende Bitten, dreht damit ihr gewöhnliches Rollenverhalten kurzerhand um, trotz ihrer schmeichlerischen Forderung »When you dance, you're charming and you're gentle/Specially when you do the Continental« (»Wenn du tanzt, dann bist du bezaubernd und sanft, besonders beim ›Continental‹«). Natürlich erliegt Astaire der Stimmung des Augenblicks und besänftigt sie mit einem lebhaften, ausgelassenen Step. Obwohl die Nummern von Astaire und Rogers praktisch keine Verbindung zur Handlung von *Roberta* haben, entspringen sie doch spontan aus der gefühlsmäßigen Logik der augenblicklichen Szene. Bei »I'll Be Hard to Handle« vervollständigen Fred und Ginger den Dialog beiläufig mit ihren Schritten; er umkreist sie besänftigend, sie schüttelt ihre Locken und steigt ihm auf die Zehen, bis sie rasend schnell zu einem Halt wirbeln und vor Heiterkeit hilflos sind.

Wie gewöhnlich sind sie in die üppige Produktionsnummer verwickelt, die den Film beschließt – dieses Mal eine musikalische Modenschau mit Freds Combo, Irene und ihren massigen weißen Pelzen, und jedem anderen Starlet auf dem Gelände der RKO (einschließlich einer platinblonden, federüberhäuften Lucille Ball), geschmückt mit einer Auswahl von beeindruckend scheußlichen Kleidern. Das Ganze ist ziemlich leer und prunkhaft, bis Fred und Ginger »Smoke Gets in Your Eyes« wiederholen und ihrer nachgemachten Umgebung eine völlig unerwartete Note von Pathos hinzufügen. Ihre Köpfe sind gesenkt, sie gleiten Seite an Seite, so nahe aneinander wie möglich, ohne sich vollständig zu berühren, über die Tanzfläche und scheinen völlig in einem Gedanken verloren zu sein, der zu heftig und zu intim ist, um ihn mit irgend jemand anderem zu teilen. Das Tempo steigert sich, die Schritte werden komplexer, doch die Stimmung bleibt bestehen. Diese Sequenz vervollständigt Gingers erstaunliche Metamorphose von der frechen Kokotte zur willfährigen Zauberin. Was Astaire angeht, bestätigt sie das, was »Night and Day« provokativ angedeutet hatte. Der flotte Entertainer, der Astaire immer gewesen war, hatte nun auch gelernt, die Herzen zu berühren. Angemessenerweise schließt *Roberta* nicht mit der erwarteten Umarmung von Irene Dunne und Randolph Scott, sondern vielmehr mit dem Aufbrausen von Freds und Gingers lodernder Wiederholung von »I Won't Dance«.

Wenn jetzt immer noch jemand bezweifelte, daß das Gespann Astaire und Rogers zum Hauptziel der Verehrung und Bewunderung bei der RKO geworden war, so zerstreute der einstimmige Beifall für *Roberta* jeden Zweifel. Das Studio konzentrierte 1935 seine ganzen Anstrengungen darauf, seinen einträglichsten Besitz zu stärken und versammelte ein hervorragendes Team von Spezia-

Sie tanzen zu den Klängen des Evergreens »Smoke Gets in Your Eyes«: Ginger und Fred in ›Roberta‹ (1935).

1935: ›Top Hat‹ (Ich tanz mich in dein Herz hinein/Top Hat) – Ginger Rogers, Fred Astaire und Erik Rhodes.

listen, um den reibungslosen Übergang von Film zu Film für das Team zu sichern. Zu diesem Spezialisten zählten Pandro S. Berman, Produzent von allen RKO-Filmen von Astaire und Rogers, Mark Sandrich, der fünf von ihnen in seiner sanften sympathischen Art inszenierte, und Allan Scott, der bei allen Drehbüchern von *Roberta* bis *Carefree* mitschrieb und somit hauptverantwortlich dafür war, Astaire und Rogers in diese geliebten Leinwandpersonen Fred und Ginger zu verwandeln. Vielleicht am unabkömmlichsten unter all diesen Filmhandwerkern war Choreograph Hermes Pan, der mit Astaire alle Nummern entwarf und mit dem Star und seinem Pianisten schon Wochen vor Beginn der Dreharbeiten zu dem jeweiligen Film probte.

Nach dem Triumph von *Roberta* widmeten sich Berman, Sandrich und die anderen einem Film, der sich schließlich als die Quintessenz der ganzen Astaire-Rogers-Serie herausstellte. Es gibt keinen bestimmten Grund, warum *Top Hat* (Ich tanz' mich in dein Herz hinein / Top Hat, 1935) die große komische Vollendung geworden ist, die dieser Film darstellt. Irving Berlins erste Musikpartitur für Astaire ist unfehlbar melodisch, sticht jedoch nicht meßbar von seiner Arbeit für *Follow the Fleet* im darauffolgenden Jahr ab, ganz zu schweigen von Gershwins Songs für *Shall We Dance* oder denen von Kern in *Swing Time*. Obwohl das Drehbuch von Allan Scott und Dwight Taylor das erste war, das vom ersten Strich an Astaire auf den Leib geschrieben wurde, gibt es in ihm kaum eine originelle Idee. Die Handlung, der Grundton, die Charakterisierung und sogar die meisten Schauplätze wurden gänzlich aus Taylors *The Gay Divorcee* übernommen. Und sicherlich liefert Mark Sandrichs Leitung keine Offenbarungen nach seiner Arbeit an eben demselben Film.

Was *Top Hat* zu etwas so Besonderem machte, war die Tatsache, daß er an einem einmaligen Scheideweg in Astaires beruflicher Verbindung mit Rogers entstand. Nach drei Schwungkraft gebenden gemeinsamen Auftritten hatte ihre wunderbare Partnerschaft noch nicht ihre Frische verloren, während ihre Zusammenarbeit eine Leichtigkeit und Präzision erreicht hatte, die nur die Zeit und die Vertrautheit bringen konnten. *Top Hat* strahlte vor Selbstvertrauen; alle an dem Film Beschäftigten wissen genau, was sie tun und wie sie es tun müssen, und zeigen dieses Können in jeder verwegenen Bewegung.

Wie jeder wirklich denkwürdige Film spielt *Top Hat* in seiner eigenen, neu erschaffenen Welt, einer, die dem sehnsüchtigen Tagtraum eines frühreifen Kindes vom kultivierten Erwachsensein ähnelt. In dieser naiven Fantasie tun fröhliche Erwachsene berau-

---

Fred tanzt zu den Klängen des Titelsongs: ›Top Hat‹ (Ich tanz mich in dein Herz hinein/Top Hat, 1935). Die Musik stammt jetzt von Irving Berlin, der Regisseur ist wieder Mark Sandrich. Freds Partnerin? Na, wer wohl? Ginger Rogers natürlich.

schend erwachsene Dinge, wie sich in Nightclubs zu vergnügen, die als italienische Städte am Meer dekoriert sind, sich mit überwältigend eleganter Garderobe zu bekleiden, und satirische, geistreiche Bemerkungen mit vergnügtem Prunk auszutauschen. Sie sind so an dieses vergoldete Leben gewöhnt, daß keine seiner Freuden sie zu überraschen scheint. Fred ist zum Beispiel von der Tatsache, daß sein Boudoir in London einer größeren, weißen Version der Gentlemen's Lounge in der Radio City Music Hall ähnelt, überhaupt nicht irritiert oder beeindruckt.

Trotz ihres ganzen weltmännischen Auftretens gleiten Fred und seine Kohorten mit dem arglosen Eifer von ewigen Peter Pans durch *Top Hat*. Gemeinheit, Grausamkeit oder wenigstens unverfälschter Zynismus sind weit und breit nicht zu entdecken, und sogar der Sex und seine Komplikationen haben nur die minimalste Verbindung zu dem frivolen Geplänkel zwischen Mann und Frau, das den Film erleuchtet. Rogers verdankt ihre glänzende Umgebung ihrem Beruf als Modell und Reisebegleiterin des Modeschöpfers Erik Rhodes, doch trotz all seiner Glut gibt es auch nicht den kleinsten Hinweis auf eine Unschicklichkeit in diesem Arrangement – und nicht nur wegen Gingers traditioneller Vorsicht, wenn es um das andere Geschlecht geht. Sie ist entrüstet und empört, als sie glaubt, der verliebte Astaire sei in Wirklichkeit der schürzenjagende Ehemann von Helen Broderick – nicht, daß sie von der schmutzigen Aussicht einer sexuellen Untreue schockiert ist; Fred hat einfach die Regeln der Konvention gebrochen, die ein nettes Mädchen wie Ginger schätzt.

Was Fred betrifft, so ist sein Verlangen nach Ginger jungenhaft und zart, doch kaum von tatsächlicher Lust beseelt, einem Instinkt, der in jedem Fall selten ein Teil seines schauspielerischen Repertoires war. Und wenn Fred und Ginger jungenhaft unschuldig sind, scheinen ihre passenden Freunde und Feinde sicher infantil. Eric Rhodes' Modeschöpfer ist in dem Kartenspiel der

Da tanzen sie wieder: Fred und Ginger in ›Top Hat‹ (Ich tanz mich in dein Herz hinein/Top Hat, 1935). Die Sequenz »Cheek to Cheek«.

neapolitanische Joker, dessen unaufhörliche Ausbrüche wohl von Gertrude Stein bei einem kurzen Zwischenhalt auf Capri beschrieben wurden. Der grollende Butler Eric Blore und sein aufgeregter Arbeitgeber Edward Everett Horton zanken sich wie Vorschulkinder um einen halbgegessenen Lutscher. Nur die eulenhafte, sardonische Helen Broderick, Hortons namentliche Gattin, scheint einen breiteren geistigen Horizont zu haben als ihre männlichen Gegenstücke mit ihren kleinen Sphären, und ein Gehirn, das groß genug ist, um dem gewachsen zu sein, was sie sieht.

Obwohl die Possen dieser Clowns zu viel kostbare Zeit Astaire und Rogers wegnehmen, liefert die einfache Geschichte von verwechselten Identitäten mit *Top Hat* das am geschicktesten gestaltete Schaustück für ihre Talente, das sie jemals gemeinsam finden sollten. Ihr erstes Aufeinandertreffen ist das raffinierteste der ganzen Serie. In einer Sequenz, die an »A Needle in a Haystack« aus *The Gay Divorcee* erinnert, singt Astaire eine Hymne auf die Unabhängigkeit von Gefühlsverwicklungen zu den Klängen von »No Strings«. Ironischerweise weckt sein erheiterndes Tollen und Steppen im Londoner Domizil sein zukünftiges Herzblatt eine Etage tiefer auf. Ginger macht wie gewöhnlich ihrem ungeheuren Verdruß Luft, und er besänftigt sie bezaubernd mit dem Angebot, sie mit dem zurückhaltendsten sandgedämpften Softshoe auf dem Boden über ihrem Boudoir in den Schlaf zu lullen.

Ginger entdeckt, daß ihre Anziehungskraft gegenseitig ist, als sie, nach einem kurzen Galopp durch einen Londoner Park, vor einem plötzlichen Gewitter in einem überdachten Musikpavillon Zuflucht suchen, und er mit dem einnehmenden »Isn't This a Lovely Day (To Be Caught in the Rain)?« über die Zufälligkeit der Situation singt. Dieses Lied ist vielleicht das atemberaubendste und bezauberndste von all ihren Duetten. Es beginnt ganz einfach damit, daß Astaire ein paar geschmeidige Bewegungen durchführt und Ginger keck seine Schritte nachmacht. Gingers Begabung verstärkt natürlich sein Interesse an ihr und ihre Stepschritte vereinigen sich in dem erheiternden Augenblick, als ein Gewitterdonner dröhnt. Das Tempo steigert sich, und sie wirbeln vereint in

›Top Hat‹ *(Ich tanz mich in dein Herz hinein/Top Hat, 1935): Prächtige Nebendarsteller unterstützen die Hauptakteure; v.l.n.r. – Erik Rhodes, Edward Everett Horton und Eric Blore.*

einer atemberaubenden Geschwindigkeit über die Plattform. Am Schluß schütteln sie sich in lebhaftem Eingeständnis des gerade Passierten die Hände – doch das Publikum braucht solche Signale nicht. Ohne ein Wort oder auch nur einen Kuß haben Fred und Ginger eine magische Verwandtschaft entdeckt, die man sich mit keinem anderen Partner vorstellen könnte.

Einige Filmmeter später versucht Astaire Gingers neuesten Anfall von Entrüstung mit »Cheek to Cheek« zu beruhigen, indem er sie dahingehend informiert, er würde lieber mit ihr tanzen als irgendeine andere menschliche Sache mit ihr machen. Ihre prächtige Teamarbeit ist hier herrlich zu beobachten, obwohl sie mehr durchdacht und weniger erotisch ist als bei »Night and Day« und »Smoke Gets in Your Eyes«. Der unverändert schwermütige Ausdruck in ihren Gesichtern ist unter den Umständen ihre größte Errungenschaft. Gingers gefedertes Kleid provozierte viele technische Probleme und gleichzeitig eine Menge Frohsinn, da es unter dem blendend heißen Licht der Studioscheinwerfer anfing übermäßig zu schmelzen. Fred taufte Ginger zu Ehren der davonschwebenden Federn »Feathers« und wiederholte den Zwischenfall unter einem spöttischen Augenzwinkern mit Judy Garland, in *Easter Parade,* ein Jahrzehnt später.

»The Piccolino« erfüllt die Forderung nach der üblichen Burleske, und wie eh und je tun sich Fred und Ginger für einen üppigen Streich mit paarweisen wirbelnden Drehungen und Fersenkicks zusammen, wann immer sie sich einen Weg durch die unermüdlichen Tanzpaare bahnen können, die sich in der weißlackierten venezianischen Monstrosität der Dekoration tummeln. Das Finale läuft genau nach dem Vorbild von *Gay Divorcee* ab, aber wie alles andere in *Top Hat* mit einer zusätzlichen Spur von Glanz und Begeisterung. Anstatt das Offensichtliche zu tun und einfach Arm in Arm in Richtung auf das Wasserflugzeug abzugehen, das sie in die Ehe bringen wird, werfen sich Astaire und Rogers in eine kurze Wiederholung von »The Piccolino« und wirbeln überschwenglich aus dem Blickfeld der Kamera für die Schlußausblendung.

Seine unschlagbare Mischung aus Energie und Gewußt wie machte *Top Hat* zu dem beliebtesten der neun Filme aus der Serie mit Astaire und Rogers. Was noch wichtiger ist, der Film belohnte das Publikum mit dem endgültigen Porträt der Leinwandperson Fred Astaire. Der Eindruck war so unauslöschlich, daß sein Widerhall seitdem Astaires Arbeit und sein Image immer wieder heimgesucht hat. *Top Hat* erhob Astaire von der Neuartigkeit zur Unersetzlichkeit. Als der Berufstänzer und offenherzige Jerry Travers machte Astaire den Intellektualismus und die Sophistikation achtbar, indem er sie mit einem Hauch von Humanität demokratisierte. Jerry mag sich in den exaltiertesten Kreisen bewegen, doch Prunk oder Tradition schüchtern ihn zu keiner Zeit ein. Er vollführt seinen ersten Streich auf der Leinwand, indem er in einem vermoderten Herrenclub eine wahre Verheerung anrichtet. In einem fröhlichen Lebewohl an diese Langeweile und Blasiertheit trommelt er mit seinen Füßen eine ganze Maschinengewehrsalve auf die Türschwelle des Clubs. Astaire gibt in *Top Hat* fortwährend die erwartete leichte Finesse von sich, doch er scheint sich nicht bewußt zu sein, und es ist am wichtigsten, daß er sich ausschließlich durch Glück und Energie von den gewöhnlicheren Sterblichen unterscheidet.

Die »Piccolino«-Sequenz aus ›Top Hat‹ (1935): Fred Astaire und Ginger Rogers.

Für Jerry Travers/Astaire ist im Leben alles einfach und seine Grazie ist so selbstverständlich und zurückhaltend, daß bei ihm auch alles, was er tut, so einfach aussieht. Wenn Jerry frohgelaunt durch sein Hotelzimmer wirbelt, läßt Astaire den Tanz wie die natürlichste und müheloseste menschliche Fortbewegungsart aussehen, die man sich nur vorstellen kann, und seine Nonchalance entfernt sogar die Steifheit aus der formellen Kleidung, die sein Markenzeichen war. Die Kinogänger hatten unzählige Hauptdarsteller gesehen, die im Frack wie ausgestopfte Pinguine wirkten, doch nur Astaire ließ den Abendanzug so bequem erscheinen wie Freizeitkleidung.

Jerome Kern, Cole Porter und Vincent Youmans hatten Astaire bereits mit einer Anzahl von herrlichen Melodien für seine Auftritte versorgt, doch es bedurfte eines Irving Berlin, um den Song zu schaffen, der Astaires einzigartige Erscheinung zusammenfaßte. Wie die meisten weltweit bekannten Songs von Berlin ist »Top Hat« im wesentlichen ein sehr einfacher Text in Verbindung mit einer unkomplizierten, gefälligen Melodie. Astaire nimmt diese herkömmlich gemachte Melodie und macht sie choreographisch zu etwas Einmaligem und zu seinem zweifellosen Eigentum. Astaire beginnt die Nummer mit einem blendend virtuosen Step, nur unter Zuhilfenahme seines glänzenden Spazierstocks vor einer Reihe von harmlosen Tänzern in identischer Garderobe. Zu dem Zeitpunkt, wo die Nummer beendet ist, hat Astaire seine Begleiter in Feinde und lebende Zielscheiben verwandelt, und sein Stock war zu den verschiedensten geistreich todbringenden Waffen geworden.

Astaire war dafür berühmt, in seinen Nummern ununterbrochen das Tempo und den Rhythmus zu ändern, zugunsten von Abwechslung und Schwungkraft – hier ändert er auch noch die Stimmung. Der sorglose Entertainer, der buchstäblich Kreise um seinen Stock tanzt, wandelt sich zu einer vorsichtigen einsamen Figur, die in Erwartung eines unsichtbaren nächtlichen Unheils auf dem Boden kauert. Dann verändert er sich im Licht des Bühnenscheinwerfers zu einem fest entschlossenen Meisterschützen, der seine Treffer in einer Reihe von menschlichen Zielscheiben

Wieder unter Mark Sandrich: Fred Astaire und Randolph Scott (links) und die Herren der »Christlichen Seefahrt« in ›Follow the Fleet‹ (Marine gegen Liebeskummer/Die Matrosen kommen, 1936).

anbringt, seine Beute in einem ohrenbetäubenden Hagel von Taps niedermäht, und den letzten Überlebenden mit dem gespielten Losschnellen der Sehne an seinem Stock erwischt, den er wie einen Bogen einsetzt. Astaire hatte diese Nummer erstmals für sein Bühnenmusical *Smiles* (1930) ausgeheckt, doch *Top Hat* verlieh ihr Unsterblichkeit. Von all den unterschiedlichen Soloauftritten, die er jemals auf der Leinwand in Angriff nahm, bringt dieser den Inbegriff der Nummern zutage. Elf Jahre später krönte Astaire in *Blue Skies* seinen beabsichtigten Schwanengesang im Film mit der identischsten Kopie dieser Nummer, und wieder zu der rhythmischen Stimmung einer Melodie von Irving Berlin.

Nach dem Gipfelsturm in *Top Hat* war jeder weitere Versuch von Astaire und Rogers dazu bestimmt, ein Abstieg zu werden. Dieser Fall erwies sich mit *Follow the Fleet* (Marine gegen Liebeskummer/Die Matrosen kommen, 1936), obwohl sich das Studio redlich anstrengte, um Vergleiche mit Astaires vorherigem Triumph zu vermeiden. *Follow the Fleet* basierte auf einer Bühnenkomödie, die auch die Vorlage für *Hit the Deck* von Vincent

Youmans lieferte. Astaire ersetzte seinen Zylinder durch eine schmucke Matrosenmütze, die gewohnte Belegschaft aus Nebendarstellern wurde verbannt, und Fred fand sich wieder in seinem Heimatland, das erstemal seit der Eröffnungsszene von *Flying Down to Rio*. Wie in *Roberta* vertreiben sich Fred und Ginger ihre Zeit mit viel Fröhlichkeit und Scherzen und überlassen die Last der banalen Liebesgeschichte wieder einmal den kräftigen Schultern von Randolph Scott, der sich dieses Mal mit der kleinen Sängerin Harriet Hilliard beschäftigen darf. Astaire und Rogers werden von einem weiteren Bündel melodischer Originalnoten von Irving Berlin unterstützt und versehen *Follow the Fleet* mit ihrer üblichen Fröhlichkeit und Kunstfertigkeit. Doch sogar ihre elektrisierendste Zurschaustellung von musikalischer Pyrotechnik kann einen nicht ganz für ein Drehbuch entschädigen, das nicht zu Astaires Persönlichkeit paßt oder die Musik nicht so gefällig wie gewöhnlich miteinbezieht.

Es gibt eine gewisse erfreuliche Neuartigkeit, die damit zusammenhängt, daß Fred und Ginger ein paar Sprossen auf der sozialen Leiter nach unten geschubst wurden. Astaire legt neben seiner vornehmen Garderobe auch seine Konsonanten ab, um den Matrosen Bake Baker, frühere Hälfte einer schäbigen Varieténummer (»Baker and Martin, High Class Patter and Genteel Dancing«), zu spielen, die auseinanderfiel, als sich Partnerin Ginger dazu entschloß, im Leben und auf der Bühne allein weiterzumachen. Die Rogers hat jedoch zu ihrem Verdruß entdeckt, daß »sie nicht an einem Mädchen interessiert sind, das alleine tanzt, außer es trüge einen Fächer«. Deshalb bleibt ihr nichts anderes übrig, als die Truppen als Hauptattraktion in einer Tanzhalle am Hafen zu unterhalten. (Zu ihren Freundinnen unter den Eintänzerinnen zählten Betty Grable, von ihrem Solostatus in *The Gay Divorcee* degradiert, und Witzbold Lucille Ball, graduiert von ihren stummen Auftritten in *Roberta* und *Top Hat*.)

Die Schwierigkeiten tauchen gleichzeitig für die Darsteller und das Publikum auf, als sie sich mit einer abgeschmackten Liebesgeschichte zwischen dem wankelmütigen Randolph Scott und der standhaften Harriet Hilliard konfrontiert sehen, die Gingers zim-

Ginger Rogers und Fred Astaire tanzen zu den Klängen des Songs »Let Yourself Go« in ›Follow the Fleet‹ (Marine gegen Liebeskummer/Die Matrosen kommen, 1936).

perliche Schwester spielt, welche auch noch eine Lehrerin ist. Ihre tränenreichen Streitereien und gezwungenen Versöhnungen erinnern an weniger erträgliche Stücke von *Roberta,* sind jedoch noch trauriger, stimmlich wie schauspielerisch, da Harriet keine Irene Dunne ist. Außerdem weist diese müde Geschichte eine ungesunde Ähnlichkeit zu jeder beliebigen Albernheit mit Dick Powell und Ruby Keeler auf, die am anderen Ende der Stadt bei Warner Brothers fabriziert wurde. Leere romantische Zankereien sind eine Sache, aber Astaire und Rogers sind einfach viel zu kultiviert, um sich von diesem Unsinn über die Aufbereitung einer Show zur Bergung des versenkten Fischerbootes, das einstmals von Gingers verstorbenem Vater befehligt wurde, in irgendeiner Weise belästigen zu lassen.

Fred und Ginger finden in diesem Film nur wirklich dann zu sich selbst, wenn sie den Versuch aufgeben, der Handlung etwas Leben einzuflößen und sich statt dessen mit ihrer gewohnten Energie auf die Tänze konzentrieren. Astaire und Rogers halten sich streng an ihre festgelegten Grundregeln und widmen ihre erste Nummer der Behauptung, daß etwas, was in leichtbeschwingtem Wettbewerb beginnt, mit rückhaltloser, gegenseitiger Bindung enden kann. Wie gewöhnlich ist Ginger sehr gerne dazu bereit, anderen Leuten mittels eines Liedes zuzureden, »sich selbst gehenzulassen« (»Let Yourself Go«), doch Fred muß sie erst dazu verführen, ihrem eigenen Ratschlag zu folgen. Sie messen sich gegenseitig bei einem synchronisierten Tap und vereinen die Kräfte bei einem ungehemmten Big Apple. Fred und Ginger erschauern vor Freude und Tüchtigkeit, und die Nummer wird zu einem erheiternden Genuß.

Später kitzeln sie ihre eigene gefeierte tänzerische Harmonie mit tobender todernster Finesse bei einem Durchlauf der großen Show, die Gingers Boot retten soll. Nur zum Spaß entschließen sie sich, »I'm Putting All My Eggs in One Basket« in Angriff zu nehmen, vermutlich zum erstenmal. Und was diese Nummer so umwerfend komisch macht, ist die Tatsache, daß sie zum erstenmal so völlig aus dem Gleichklang der Schritte herauskommen. Ginger ist bis in alle Ewigkeit in einem Time-Step gefangen, während Fred sich zu etwas anderem aufschwingt. Ginger schwingt ihre Arme

Fred und Ginger in ›Follow the Fleet‹ (Marine gegen Liebeskummer/Die Matrosen kommen, 1936) von Mark Sandrich.

und versetzt Fred einen Schlag, der ihn taumeln läßt. Schließlich haben sie sich zu einem Walzerschritt geeinigt und werden vollkommen überrumpelt, als das Orchester zu einem Swing überwechselt. Zu guter Letzt läßt Fred Ginger mit einem überdrüssigen dumpfen Schlag zwanglos zu Boden fallen, als er sich in dem Chaos einfach nicht mehr weiter zurechtfinden kann.

Follow the Fleet gipfelt in ihrem ersten Ballett mit eingebauter Handlung, das sie zu der großtuerischen Eleganz zurückführt, die ihre vorherigen Anstrengungen angereichert hatte. In dem unbeschreiblich feierlichen »Let's Face the Music and Dance« mimt Fred einen umherziehenden Spieler, der sein ganzes Hab und Gut verliert und an der Schwelle zum Selbstmord eine verzweifelte Ginger entdeckt, die ein ähnlich trauriges Vorhaben in Betracht zieht. Nachdem er eine pulsierende Strophe des Liedes gesungen hat, vertreibt er seine eigenen Sorgen, indem er Ginger aus ihrer

Trübsal heraustanzt. Diese Nummer ähnelt im Stil »Cheek to Cheek«, ist jedoch mit melancholischen Kunstgriffen getränkt – seine ausgestreckten Arme und ihre gebogenen Schultern dienen als abstrakte Symbole für psychische Schmerzen der empfindlichsten Art. Es würde wahrscheinlich alles ein bißchen geziert wirken, wenn die Nummer nicht so fehlerfrei dargeboten würde. Ihr Timing ist hier so erstaunlich, daß nichts und niemand ihre Schritte unterbrechen können – nicht einmal die Tatsache, daß Ginger in der Mitte der Sequenz Fred mit einem Schwung des schwer bestickten Ärmels ihres Kleides beinahe bewußtlos schlug.

In einem Versuch, Ironie zu übermitteln, oder wenn er eine bestimmte Textzeile oder einen Charakterzug unbeholfen findet, läßt Astaire einem bestimmten vokalen Manierismus gelegentlich freien Lauf – ein eigentümliches Halb-Schnaufen, Halb-Kichern, das er wie ein Satzzeichen am Ende eines Satzes von sich gibt. Astaire sprudelt in dieser Art in *Follow the Fleet* einiges heraus und vermittelt damit den Eindruck, daß die ganze liederliche Gutartigkeit, die von ihm in dieser Rolle verlangt wird, nicht ganz so natürlich herauskommt. Die weißen Seemannshosen, die er trägt, geben ihm die Möglichkeit, zur Melodie von »I'd Rather Lead a Band« einen glänzenden Matrosen-Step darzubieten, als eine Art Negativbild zu der schwarzgekleideten Titelnummer aus *Top Hat*. Vielleicht hatte Astaire jedoch erkannt, daß seine Stärke woanders lag, denn für den Rest seiner Filme mit Ginger kletterte er wieder die Rangleiter hinauf zu den »Oberen Zehntausend«. Erst nachdem der Zweite Weltkrieg sogar im Musical neue Prioritäten setzte, mischte sich Fred wieder so kampflustig unter das Fußvolk.

Trotz seiner Schwächen erfreute sich *Follow the Fleet* derselben enthusiastischen Aufnahme, die bis dahin allen Anstrengungen von Astaire entgegengebracht wurde. Bis zum Jahre 1936 war Astaire im Showgeschäft zu einer fast unvermeidbaren Kraft geworden. Nachdem er den Film im Handstreich erobert hatte, startete Astaire Ende 1935 einen erfolgreichen Angriff auf die Radiowellen, als der wöchentliche Präsentator der landesweit verbreiteten Sendung »Lucky Strike Hit Parade«. Trotz der mörderischen Anforderungen, die von gleichzeitigen Karrieren in Film und Radio gestellt wurden, fand Astaire die Herausforderung durch dieses neue Medium stimulierend und anregend. Ende 1936 debütierte er in seiner eigenen Radiosendung, die beinahe genausoviel Publikumszuspruch erhielt, wie er in den Filmen gewonnen hatte.

1936 war auch in Astaires Privatleben ein denkwürdiges Jahr, denn es war das Geburtsjahr seines ersten Kindes, einem Sohn, der auf den Namen Fred Jr. getauft wurde. Viele seiner Fans waren sicherlich über seine frischgebackene Vaterschaft überrascht, wenn man bedenkt, daß seine Ehe mit Phyllis Potter-Astaire eine der am wenigsten publik gemachten Verbindungen in Hollywood war. Ein Aspekt des Starruhms, den Astaire wirklich verabscheute, war das Eindringen der Publikumsneugier in seine privaten Angelegenheiten, und er unternahm allergrößte Anstrengungen, um sein Privatleben so vollständig wie möglich von seinem öffentlichen Image zu trennen. Und sicherlich hätten die Leser von *Photoplay* und ähnlichen Zeitschriften eine Artikelserie über das Privatleben der Astaires mehr als langweilig empfunden. Das

Ein neuer Regisseur, George Stevens, aber Freds Partnerin ist immer noch Ginger Rogers. Titel des Films: ›Swing Time‹ (Swing Time, 1936). Beider Partner ist Victor Moore (links).

Ehepaar verbrachte seine Freizeit fast ausschließlich zufrieden zu Hause mit den Kindern oder auf gemeinsamen, ungestörten Reisen. Die Klatschtanten der Fanmagazine konnten mit der prosaischen Wahrheit natürlich nichts anfangen und erquickten ihre Leser mit Gerüchten, deren Würze in umgekehrter Proportion zu den langweiligen Tatsachen ständig zunahm. Die Fans waren erschüttert, als sie erfuhren, daß Fred und Ginger sich bis aufs Messer haßten, während Phyllis Astaire unter wahnsinniger Eifersucht auf Freds gewandte Partnerin litt – ungestört von der offensichtlichen Tatsache, daß solche Gerüchte sich fröhlich widersprachen.

Astaire stellte sich gegenüber diesem Blödsinn mehr oder weniger taub und blind und rüstete sich für den unvermeidlichen Nachfolger von *Follow the Fleet*. Für seinen sechsten Film mit Ginger Rogers wurden viele bekannte Elemente wieder zusammengeführt – Komponist Jerome Kern, Texterin Dorothy Fields, Co-Autor Allan Scott, plus Helen Broderick und Eric Blore als die Anführer der Nebendarsteller. *Swing Time* (Swing Time, 1936) sollte nur eine weitere gut gemachte Abwandlung der nun bekannten Grundform werden, und tatsächlich gibt es hier, oberflächlich betrachtet, nichts wirklich Neues, was den Film von all den anderen unterscheidet, die Astaire und Rogers zuvor gedreht hatten. Trotzdem ist *Swing Time* ein ganz besonderer Film, sogar nach Astaires hohem Maßstab. Obwohl er vielleicht weniger lustig ist als *Top Hat*, so ist er doch in einer ruhigeren, sinnreicheren Art und Weise sogar noch befriedigender. Im Gegensatz zu all ihren anderen Filmen, kombiniert *Swing Time* die gewohnte Spannkraft der Tanznummern von Astaire und Rogers mit der Art von Resonanz und Intensität, die man fast nie in einem so leichtbeschwingten Genre wie dem Musical findet. Obwohl der Handlungsfaden, der *Swing Time* kaum zusammenhalten kann, so dürftig wie immer ist, konzentriert sich dieser Film wirklich auf etwas sehr Wichtiges – nämlich Fred und Ginger selbst. Für gewöhnlich schafften es Fred und Ginger, ihren leichtgewichtigen

Die »Fine Romance«-Sequenz: Fred und Ginger in ›Swing Time‹ (1936).

Rollen Leben einzuhauchen, allein durch die Konzentration des Instinktes und des reinen Willens. Hier faßt die Musik das zusammen, was die Dialogszenen bereits beeindruckend klargemacht haben und erweitert und vergrößert das Gefühl.

Ein Teil des Verdienstes für diese Änderungen geht an Regisseur George Stevens, einen Neuling in dieser Filmserie, der gerade mit seinem feinfühligen Film *Alice Adams* einen großen Erfolg verbucht hatte. Wo ein Regisseur wie Mark Sandrich nur versuchte, die Zeit zwischen den Liedern angenehm verstreichen zu lassen, behandelte Stevens die gewohnten Streitigkeiten zwischen Fred und Ginger und die Versöhnungen mit der gleichen echten Vertraulichkeit, die er auch den leidenschaftlichen Selbsttäuschungen von Katharine Hepburns Alice im Jahr zuvor zugestanden hatte. Das glückliche Ergebnis dieser Arbeitsauffassung durchdringt den ganzen Film. Sogar Astaire und sein älterer Freund in diesem Film (Victor Moore) tun mehr, als nur die gewöhnlichen spitzfindigen Wortspiele auszutauschen – sie stehen wirklich zueinander in einer Beziehung, mit einer unverhüllten Wärme, die in keinem der anderen Filme von Astaire aus dieser Periode eingefangen wurde.

»Chance ist für den Dummkopf der Name für das Schicksal«, lautete die Schlüsselphrase aus *The Gay Divorcee,* und fast alles, was in *Swing Time* passiert, wird von der Bestimmung, die als eine einfache Laune verkleidet ist, in Gang gesetzt. Astaire spielt »Lucky« Garnett, einen Varietétänzer und Zauberer, dessen hingebungsvolle Spielleidenschaft ihn dazu bringt, seine Hochzeit mit seiner Freundin aus der Heimatstadt, Betty Furness (die nicht tanzen kann und ihn John nennt), zu verpassen. Danach fährt er in einem Güterwagen nach New York, mit nichts weiter als seinem Straßenanzug, einer Zahnbürste und seinem Glücksbringer, einem Fünfundzwanzig-Cent-Stück, bewaffnet, und innerhalb von ein paar Wochen hat er sich ein anständiges Bündel Banknoten erwettet. Er trifft auch Ginger rein zufällig - sie rennen auf einer belebten Straße ineinander – doch trotz der Zufälligkeit ihrer Begegnung sind Fred und Ginger für einander bestimmt. Sie gibt Tanzunterricht, und als Team werden sie bald zu den Lieblingen der Kaffeehausgesellschaft. Nicht nur das, Ginger bringt ihm an den Spieltischen Glück, was ihm sehr gefällt, und ergänzt beim Tanzen seine Kunstfertigkeit, was ihn sogar noch mehr befriedigt.

Schließlich läßt ihn sein anscheinend unfehlbares Glück im Stich, als er Ginger beinahe verliert, da er inzwischen genug Geld verdient hat, um sein Versprechen wahr zu machen, nach Hause zurückzukehren und Betty Furness zu heiraten. Astaire macht seiner Qual über die Aussicht Luft, indem er unheilvoll verkündet, er würde »niemals wieder tanzen« – diese Drohung wird allerdings ironischerweise in Form des herrlichsten Duetts ausgesprochen, das die beiden jemals zusammen vorgetragen haben. *Swing Time* findet in klassischer Symmetrie in einer köstlichen Parodie auf Astaires verfehlte Eheschließung mit Miß Furness seinen Höhepunkt – Astaire stiehlt die Hosen von Gingers widerlichem Zukünftigen Georges Metaxa, so wie Luckys Varietékollegen ihm seine zu Anfang des Films stibitzt hatten –, und die Ironie dieser schlauen Wiederholung der Geschichte treibt jede daran beteiligte Person in unkontrollierbare Hysterie. Und keine Produktion mit Astaire und Rogers hat eine so bezaubernde Schlußpointe: Buchstäblich auf dem Gipfel der Welt, in ihrem Wolkenkratzernest, kontrapunktieren Fred und Ginger köstlich die Lieder »A Fine Romance« und »The Way You Look Tonight«, während ein Sonnenstrahl die winterliche New Yorker Skyline unter ihnen erwärmt.

Swing Time ist in vieler Hinsicht der handwerklich bedächtigste Film von Astaire und kombiniert nahtlos Romantik und einen ausgefeilten Sinn für Ironie, nicht nur in der Musik von Jerome Kern und den Texten von Dorothy Fields, sondern auch in den Dialogen. Im ersten Teil des Films heuchelt Fred unschuldsvoll rettungslose Unbeholfenheit, so daß Ginger ihn ermunternd auffordert, sich aufzuraffen (»Pick Yourself Up«), um von ihr ein oder zwei Dinge über den Steptanz zu lernen. Nachdem sie schwerelos über das Geländer rund um die Tanzfläche gesegelt sind, zur Begeisterung von Ginger und der großäugigen Verwunderung ihres Chefs Eric Blore, werden sie in einer schwerfälligen Wiederholung von Moore und Broderick parodiert. Später komponiert

Astaire am Klavier ein Hoheslied auf Gingers Lieblichkeit, doch die weichzeichnerische Vision von »The Way You Look Tonight« paßt ganz und gar nicht zu Gingers Erscheinung an diesem Abend – sie trägt einen verschlissenen Bademantel, und ihr Haar ist naß und voller Shampoo. Das berühmteste Lied des Filmes, »A Fine Romance«, trägt sogar den Untertitel »ein sarkastisches Liebeslied«, wobei sich beide in hämischen Reimen über den bedauerlichen Mangel an Glut und Eifer des anderen beklagen.

Sie stellen das Gleichgewicht jedoch mit dem unvergleichlich beißenden »Never Gonna Dance« wieder her, das das unglaubliche Kunststück vollbringt, ihr ganzes Verhältnis in einem wortlosen Tanz von fünf Minuten zu rekapitulieren. Der Eindruck dieser Sequenz ist irgendwie unbeschreiblich. Sie steigert sich von einem nachdenklichen Schlendern nebeneinander bis zu dem mitreißen-

Sie tanzen zu den Klängen des Walzers in ›Swing Time‹ (1936): Fred und Ginger. Unvergleichlich die Musik von Jerome Kern.

Fred Astaire in der Maske von »Bojangles of Harlem«: ›Swing Time‹ (1936) von George Stevens.

den Crescendo von durchkreuzter Liebe, das sie beschließt, während jeder von ihnen fatalistisch eine entgegengesetzte Treppe zu seinem eigenen Bestimmungsort hinaufwirbelt. Die Beredtsamkeit ist hier so groß, daß ihr anderes großes Duett in *Swing Time*, der klingende »Waltz in Swing Time«, mit seiner ganzen verflixten Schwierigkeit und ätherischen Grazie leicht bläßlich erscheint. Fred und Ginger sind in Scheinwerferlicht getaucht, während sie eine unendliche Folge von schnellen Walzerumdrehungen ausführen. Doch sie sind hier einfach nur die besten Tänzer der Welt und nicht auch die perfekte Verkörperung der Liebe. Nur in *Swing Time* konnte ein Augenblick wie dieser von etwas anderem übertroffen werden.

Doch dann überbietet Astaire das scheinbar Unübertreffliche in *Swing Time*. Obwohl Astaires Schauspielkunst nie ganz einen gewissen Anflug von Befangenheit verlor, hat hier sogar die kleinste Geste die instinktive Eleganz, die immer den Tänzer Astaire ausgezeichnet hat – zum Beispiel sein triumphierender Abschiedsgruß, als er auf dem Frachter Mittelamerika in Richtung Erfolg verläßt, oder die Art und Weise, in der seine Arme vor Verzweiflung zittern, als er Ginger anfleht, nicht die geschwungene Treppe hinauf und aus seinem Leben zu gehen. Obwohl Lucky genauso nett und selbstbewußt ist wie Jerry Travers in *Top Hat*, ist die anheimelnde Welt der erfüllten Wünsche in *Swing Time* von Zeit zu Zeit von einigen erkennbaren Alltagsproblemen überschattet, wie zum Beispiel der Notwendigkeit, Geld zu verdienen. Mit der Figur des Lucky verschweißte Astaire in einem perfekten Kompromiß den sophistischen Tagträumer aus *Top Hat* mit den eher schlichten Helden aus *Follow the Fleet* und *Roberta*.

Astaire, gesegnet mit einer so wunderbaren Musik, beweist, daß Geschmack und Instinkt viel mehr mit der überzeugenden Darbietung eines Liedes zu tun haben, als grenzenlose Stimmbreite und samtweicher Ton. Während Filmtenöre mit konventionell ansprechenderen Stimmen, wie Crosby und Dick Powell, sich mit Zweitrangigem begnügen mußten, wetteiferten die ganz großen Komponisten darum, zeitlose Klassiker zu schaffen, die von Astaire auf der Leinwand vorgestellt werden sollten. Der Grund dafür war reines Selbstinteresse; diese Liederschmiede wußten, daß die vollendeteren Sänger den Hang hatten, ihre Arbeit mit den seidigen Tönen aus ihrer selbstgefälligen Kehle zu überschwemmen. Sie erkannten, daß Astaire trotz der Anstrengung, die ihre Lieder seiner gewöhnlichen Stimme abverlangten, ein unheimliches, tanztrainiertes Gefühl für das Tempo hatte, welches bei seinem Gesang zum Ausdruck kam. Durch seine Unfähigkeit der stimmlichen Ausschmückung, für die seine geübteren Rivalen schwärmten, konnte er eine berührende Ballade wie »The Way You Look Tonight« dazu benützen, Gefühle und Melodie so einfach wie möglich auszudrücken. Astaires ererbte Direktheit als

›Shall We Dance‹ (1937). Die RKO bewegt sich auf eingefahrenen Gleisen.
Jerome Cowan (Mitte) ist ein Zweifler. Kann Fred seine Ginger überzeugen?

Sänger ließ die anderen Jazzsänger dieser Zeit im Vergleich schwülstig und anachronistisch erscheinen.

Ironischerweise ist die Sequenz, die eindeutig die Richtung anzeigt, die Astaire in der Zukunft einschlagen würde, auch in gewisser Weise das zeitlich am unerfreulichsten eingesetzte Moment in *Swing Time*. Astaire meinte den virtuosen »Bojangles of Harlem« als einen tiefempfundenen Tribut an Bill Robinson, den er seit der Zeit verehrte, als er neben ihm auf dem Varietéprogramm zwei Jahrzehnte zuvor genannt wurde. Das Gefühl hinter dieser Nummer ist eindeutig echt, und Astaire ehrt Robinson, indem er seinen Stil mit einer zarten Andeutung von Robinsons großer Ausstrahlung und Kunstfertigkeit versieht, während er triumphierend er selbst bleibt. Trotzdem bleibt der Anblick von

Astaire mit schwarzem Gesicht etwas beunruhigend, obwohl er völlig den Makel der augenzwinkernden Verspöttelung vermeidet, der für gewöhnlich solchen Personifizierungen anhaftete. Astaire empfand eine nahe Verwandtschaft zu Jazz und Blues, und in vielen seiner nachfolgenden Filme konnte man ihn dabei beobachten, wie er bewundernd als Kontrapunkt zu schwarzen Chortänzern auftrat oder ihre Leitmotive in seine eigene Arbeit einfließen ließ. Mit seiner ganzen naiven Aufrichtigkeit erscheinen solche Augenblicke oftmals jedoch etwas gönnerhaft, obwohl das sicherlich nicht absichtlich geschieht.

»Bojangles« führte einen weiteren, ergiebigeren Präzedenzfall für Astaire ein – den Gebrauch von fotografischen Spezialeffekten, um den Spielraum für seine Nummern zu vergrößern. Vorher waren Astaires Tanzsequenzen mit einer fast dokumentarischen Einfachheit angelegt worden, verwendeten einfache Kamerawinkel und minimalen Schnitt. »Bojangles« repräsentierte die erste große Nummer von Astaire, die man auf der Bühne nicht hätte bewerkstelligen können. Sie gipfelte in drei rückprojizierten Schatten von Astaire, die kontrapunktierend zu dem, im Vordergrund über die Bühne wirbelnden Fred/Bojangles an der Wand steppen und tanzen. Es ist eine begeisternde Idee, die blendend ausgeführt ist, und eindeutig Astaires eiserne Entschlossenheit zeigt, jede choreographische Selbstwiederholung zu vermeiden. Diese Besessenheit mit Neuschöpfungen verstärkte sich im Laufe der Jahre, und Tricknummern wurden in Astaires Musicals zu so einem permanenten Zubehör, daß schließlich die Tricks Astaires Tanzkunst selbst zu überwältigen drohten. Doch in »Bojangles« ist das Gleichgewicht zwischen Beinarbeit und Hokuspokus perfekt. Neben all seinen anderen Vorzügen bewies *Swing Time*, daß Astaire nicht nur ein wunderbarer Tänzer war, sondern außerdem ein Zelluloidzauberer.

Swing Time schaffte es nicht, *Top Hat* an den Kinokassen in den Schatten zu stellen – etwas, was nur wenige Filme in der Zeit der Depression schafften –, doch er erwies sich trotzdem als außergewöhnlich populär. Da das Publikum bis dahin noch keinerlei Ermüdungszeichen gegenüber dem gewissen Etwas von Fred und

Fred hat Ginger überzeugt. Nun tanzen sie wieder. »Let's Call the Whole Thing Off« aus ›Shall We Dance‹ (1937). Warum auch nicht?

Ginger gezeigt hatte, fand sich Astaire zum siebtenmal in ununterbrochener Reihenfolge neben Rogers in dem provokativ betitelten *Shall We Dance* (1937) wieder. Die RKO umgab das Paar mit dem gewohnten Team aus tüchtigen Mitarbeitern, und arrangierte außerdem eine langersehnte Wiedervereinigung mit George und Ira Gershwin, die die Musik für zwei der größten Bühnenhits von Fred und Adele geliefert hatten. Die Gershwins brachten als Neulinge in der Serie eine willkommene Brise von Enthusiasmus für *Shall We Dance*, und ihre Lieder gaben dem Film sein einziges wirkliches Unterscheidungsmerkmal. Trotzdem ist der Film seltsam niedergeschlagen und mutlos. Zum erstenmal ist die patentierte Astaire-Rogers-Formel etwas starr und oberflächlich geworden, statt köstlich und wohlvertraut zu sein. Es lag nicht nur daran, daß das Publikum bis 1937 damit überfüttert worden war – die Mitwirkenden waren der Sache aus Gewohnheit ebenfalls müde geworden. Obwohl der Mechanismus genauso gut geschmiert wie immer läuft, wird er statt von Inspiration von Trägheit angetrieben.

Shall We Dance beginnt mit einer anziehenden Prämisse – Solotänzer Petrov (geborener Peter P. Peters aus Pittsburgh, Pennsylvania) verliebt sich Hals über Kopf in die jazzige Nightclubtänzerin Linda Keene, und ihre verschiedenen Temperamente kollidieren so lange, bis sie ihre Kräfte vereinen, um Ballett und Step zu einer neuen Synthese, die ganz ihr eigen ist, zu verschmelzen. Unglücklicherweise versinkt dieser ziemlich listige Gedanke langsam im Treibsand der nebensächlichen Handlungskomplikationen. Linda und Petrov schwanken den ganzen Film hindurch zwischen einer Entrüstung gegeneinander und dem unentrinnbaren Netz aus falschen Nachrichten, die die Presse veröffentlichte, indem sie aus den beiden ein Paar gemacht hatte, doch schließlich gestatten sie dem Unabwendbaren, seinen Lauf zu nehmen. Es war ein althergebrachter Brauch in den Filmen von Astaire und Rogers, daß Ginger das erste Drittel damit verbrachte, sich über Freds Unverschämtheit zu ereifern, doch hier ist ihre Entrüstung so launenhaft und anhaltend, daß man sich zum erstenmal darüber wundert, warum sich Astaire für jemanden interessieren sollte, der so unberechenbar und kleinlich wie sie ist.

Es ist bezeichnend für die nachlässige Widernatürlichkeit des Filmes, daß Astaire und Rogers nur ein einziges Duett haben, das wirklich ihren vergangenen Nummern gleichkommt. Wie in ihren zwei vorangegangenen Filmen legt Ginger den Grundstock für ihren gemeinsamen Anfang mit einem optimistischen Liedchen (dieses Mal mit dem frechen »They All Laughed«). Fred ködert sie, indem er sie stolz mit Pirouetten umkreist, während sie hilflos raucht, bis er sich eifrig auf ihre Stufe hinunterbegibt und sie einen ihrer heitersten und variationsreichsten Steptänze vorführen. Nachher tauschen sie ihre Stepschuhe gegen Rollschuhe und einen musikalischen Sprint im Central Park zu den Klängen von »Let's Call the Whole Thing Off«, doch wie köstlich das auch in der Theorie klingen mag, so muß sich Ginger doch hinter ihrem gezwungenen Lächeln zu sehr darauf konzentrieren, ihr Gleichgewicht zu halten, um auch noch den erforderlichen Hauch von improvisierter Grazie auszustrahlen. Und die Titelnummer auf dem Höhepunkt des Filmes kann schon kaum mehr als ein Duett bezeichnet werden, wenn man den ganzen unheimlichen Surrealismus betrachtet, wenn Fred wie rasend auf der Suche nach der echten Ginger herumstürmt, die irgendwo in einem Meer von Chormädchen begraben ist, die identische Wachsmasken mit Gingers Gesicht tragen. Astaires gespenstische Version von »They

Endlich kann Fred mit der »wirklichen« Ginger tanzen – in ›Shall We Dance‹ (1937).

Can't Take That Away From Me« hätte wohl die perfekte Begleitung für eines dieser düster erotischen Zwischenspiele geliefert, die sie so gut brachten, doch statt dessen vergeudet er den Augenblick mit einer Gummifrau, die eine Ballerina darstellt (Harriet Hoctor), deren Spezialität es war, sich zu einem menschlichen Hufeisen zu krümmen und sich selber an den Kopf zu treten, während sie sich der sprachlosen Kamera näherte.

Das ironische Ergebnis von *Shall We Dance* liegt darin, daß die meisten denkwürdigen Augenblicke eher gesungen als choreographiert sind. Die Gershwins füllen die obligatorische Lücke für ein zänkisches schnelles Lied im Astaire-Rogers-Stil wunderbar mit »Let's Call the Whole Thing Off«, welches kaum Bedeutung für den Moment in der Handlung, an dem es eingesetzt wird, hat, aber große Wichtigkeit für die damals vierjährige Beziehung zwischen Fred und Ginger aufweist. Überall in *Shall We Dance* bringen große Wassermengen in Astaire das romantische Verlangen zum Vorschein. Bei einer Atlantiküberquerung drängt er Ginger an die Reling, um sie mit dem wohlgemuten »Beginner's Luck« zu betören, während eine in Nebel gehüllte New Yorker Hafenfähre den Hintergrund für das traurigere »They Can't Take That Away From Me« bildet. Beide fördern unterschiedliche Facetten von Astaires unfehlbarer Liedinterpretation zutage, und sie liefern den Großteil der wenigen unbeschnittenen Freuden in dem Film.

Unter seinem slawischen Tänzernamen ist Astaire/Peters sein gewöhnliches, herzliches und bescheidenes Selbst, das nicht anders kann, als in einen Time-Step sogar dann auszubrechen, wenn man erwartet, er würde seine Pliés üben. Astaire quetscht seine falsche Nationalität nach allen Regeln ihrer komischen Möglichkeiten aus, besonders in dem Augenblick, wenn er sich selbst in einen Boris Godunow der Wanderbühne verwandelt, um Gingers Erwartungen von ihm als einem kehligen russischen Egotisten zu entsprechen. Doch sobald er allein ist, fällt er im ersten geeigneten Moment wieder in seine alte Rolle zurück, und »Slapp That Bass«, seine größte Solonummer, verdankt *Swing Time* viel mehr als *Schwanensee*. In einer Dekoration, die wie »Gottes Dynamomaschine« aussieht, unterhält er eine Gruppe von baßspielenden

Fred nach Mark Sandrich wieder einmal unter der Regie von George Stevens. Eine neue Partnerin: Joan Fontaine – Szene aus dem Film ›A Damsel in Distress‹ (1937). Die junge Dame gerät wirklich in Bedrängnis.

schwarzen Heizern mit einer Stepsynkopierung zum Knattern und Schwirren der Schiffsmaschinen. »Slap That Bass« sprüht Funken, und das tut auch Astaire meistens in *Shall We Dance*, doch die Vitalität, die einstmals durch das Team wogte, ist zu diesem Zeitpunkt beträchtlich verebbt.

Die RKO beachtete diese Signale schnell und bot dem Paar eine zeitweilige Ruhepause von einander an. Sie verpflichtete Rogers für *Stage Door* und Astaire für *A Damsel in Distress* (1937). Beide stimmten dieser versuchsweisen Trennung eifrig zu, obwohl Astaire bei diesem Handel eine ganze Menge mehr riskierte. Während Ginger zwischen den Musicals mit Astaire erfolgreich rein dramatische Rollen neben anderen Hauptdarstellern gespielt hatte, hatte sich Astaire, seitdem er zum Star geworden war, kein einziges Mal mit jemand anderem als Ginger Rogers beschäftigt,

101

mit oder ohne Musik. (In der Vorstellung von einigen seiner Bewunderer wäre das gleichbedeutend mit Ehebruch gewesen.) *A Damsel in Distress* war bestrebt, unnötige Vergleiche mit den Filmen von Astaire und Rogers zu vermeiden, und besetzte Fred neben einer weiblichen Hauptdarstellerin, die, wenn irgend möglich, das genaue Gegenteil von Ginger sein sollte, da das Drehbuch von dem besagten Fräulein verlangte, Engländerin zu sein, irgendwie spröde und unfehlbar aus gutem Hause. Ruby Keeler, die vorläufig Auserwählte, hätte sicherlich nicht spröder werden können als sie es sowieso schon war, doch da sie weder britisch noch, der Himmel weiß es, aristokratisch war, wurde sie für die Rolle abgelehnt. Die hervorragende Jessie Matthews entsprach allen Voraussetzungen, doch sie verdiente als der Tanzstar der britischen Leinwand zu viel Geld, um mit einer Reise nach Hollywood belästigt zu werden. In offensichtlicher Verzweiflung durchforschte die RKO ihre Dienstliste von Schauspielern und stieß auf ein unbekanntes Starlet namens Joan Fontaine, das eine Art Engländerin war, sehr preiswert und absolut keine Gefahr für irgend jemanden, schon gar nicht für das Andenken an Ginger, wenn es ums Tanzen ging.

Mit oder ohne Ginger erzählten die RKO-Musicals mit Astaire immer berauschende Fabeln für leichtgläubige Erwachsene, doch *A Damsell in Distress* führte diesen Trend noch einen Schritt weiter. Wie der Titel andeutet, ist *Damsel* buchstäblich ein mittelalterliches Märchen, das in die wissende Sprache der dreißiger Jahre übersetzt wurde, und die Klischees des Genres parodiert, während es in allen verrückten Variationen zu dem ehrwürdigen Thema schwelgt. Die unglückliche Fontaine spielt eine gewisse Lady Alyce, die in den Turm des Ahnenschlosses ihrer Familie gesperrt wurde, da sie ihre Hand einem unpassenden amerikanischen Burschen versproch hat, während Astaire plötzlich die bedeutende Rolle übertragen wird, als schneidiger Galan »Ihre Ladyship« aus dieser mißlichen Lage zu befreien. Unser Held und unsere Heldin werden von der vorschriftsmäßigen Auswahl an verrückten englischen Exzentrikern umgeben, einschließlich einem ältlichen Herrn des Hauses (Montagu Love), der zu sehr

Auch ein bewährtes Team: Gracie Allen und George Burns in ›A Damsel in Distress‹ (1937). Links Fred Astaire.

damit beschäftigt ist, seine Rosen zu düngen, um sich auch noch mit der Familienintrige herumzuschlagen, und seiner nervenzerrütteten verwitweten Schwester (Constance Collier), für die die Zeit offensichtlich irgendwann vor den Rosenkriegen stehen geblieben ist.

Doch trotz all seiner antiken Betrügerei und Zwietracht ist *Damsel* fast aggressiv zeitgenössisch. Die fragliche Lady amüsiert sich in Vergnügungsparks und fährt einen Convertible, der wahrscheinlich von den ganzen Touristen finanziert wurde, deren Eintrittsgeld das Schloß finanziell über Wasser hält. Mit seiner ganzen athletischen Bravour ist Astaires prahlerischer Liebhaber nur ein amerikanischer Swingtänzer auf der Flucht vor seinen fanatischen weiblichen Fans, begleitet von einem ausgekochten Presseagent (George Burns) und einer schusseligen Sekretärin (Gracie Allen). Die Musik der Gershwins setzt den Grundton für diese moderne angelsächsische Geschichte – Lady Alyces blaublütiger Freier (Ray Noble) läßt die Klassiker für ein launiges Stückchen Tra-la-la sausen, während drei der Madrigalsänger des

Hauses in »Nice Work If You Can Get It« einstimmen, wie eine Art von katatonischen Boswell Sisters. Um die Revolution komplett zu machen, erschüttert Astaire eine nüchterne formelle Versammlung mit einem glühenden Trommelsolo, wobei er die Instrumente mit Kicks malträtiert und zum Takt seiner rasenden Füße über den Boden wirbelt.

Sogar wenn er nicht tanzt, ist Astaire ein Studienobjekt in fortwährender Bewegung, überall in *A Damsel in Distress*. Anstatt seine Drachen zu töten, läuft Astaire einfach in die entgegengesetzte Richtung davon – vor Groupies, zornigen Polizisten, hartnäckigen Dienern, Lady Alyces patzigen Verwandten, und zeitweise sogar Lady Alyce selbst. Er unterbricht seinen Schritt nur gerade lange genug, um nachdenklich über Alyces Grund und Boden zu schlendern und sein Glück in der Liebe mit »A Foggy Day in London Town« zu verkünden, während ein taghaller Mondstrahl die Dunkelheit durchbricht. Doch dieser Ausrutscher ist nur vorübergehend – bald darauf springt er von der steinernen Brüstung vor Miß Fontaines Gemächern und schwingt sich wie Tarzan von Ast zu Ast, bevor er unversehrt auf der sicheren Erde landet.

Trotzdem können Astaires Überaktivität und Regisseur George Stevens' rasantes Tempo nicht völlig die Tatsachen überdecken, daß etwas sehr Entscheidendes bei *A Damsel in Distress* fehlt. Eine der Freuden an einem befriedigenden Musical mit Astaire liegt in der innigen Vertrautheit, die er mit einer passenden Partnerin erreicht, die die blasse Fontaine von 1937 ausdrücklich nicht war. In diesem Frühstadium ihrer Karriere war die Fontaine außergewöhnlich hübsch, doch sie hatte nicht die leiseste Ahnung davon, wie man eine Komödie anpackte. Und es war noch entscheidender, daß die Idee, er könne sich in jemanden verlieben, der absolut nicht tanzen kann, wie ein vollständiger Verrat von Astaires Leinwandpersönlichkeit erschien. Im Hinblick auf ihre Grenzen, tritt Joan Fontaine nur ein einziges Mal mit Astaire zusammen auf. Doch »Things Are Looking Up« vergrößert nur ihre Unvollkommenheit. Sie hätte schon genug Schwierigkeiten damit gehabt, ihren Weg über die glatte Oberfläche eines Tanzbodens zu finden, doch hier muß sie über einen Hinderniskurs aus Steinen und Bächlein in einer tollenden, nicht überzeugenden Darstellung von gazellenhafter Ausgelassenheit.

Zum Ausgleich wendet der Film sein Augenmerk von Astaires romantischen Verfolgungsjagden zu den bekannten, aber äußerst willkommenen Scherzen von Burns und Allen. Neben Georges trockener Gelassenheit und Gracies atemlosen näselnden Trugschlüssen, entfalten Burns und Allen außerdem eine überraschende Begabung für choreographische Clownerien mit Fred. Die drei bestäuben sich gegenseitig mit Staubwedeln, bevor sie in edlem Wettstreit, mit einem herrlichen Ergebnis, drei finstere Rüstungen anlegen. Noch besser ist sogar ihre getanzte Erforschung eines erstaunlichen Vergnügungsparks – sie bieten einen Shimmy vor Trickspiegeln, einen Highstep über sich bewegende Gehsteige, und schlittern jäh polierte Rutschbahnen hinunter, begleitet von Gracies Entzückensjuchzern.

Von George, Gracie und den Gershwins angestiftet, strebt Astaire kräftig danach, den Film zu beseelen, und die exquisite fotografische Ausnutzung der natürlichen Freiluftdrehorte (sehr ungewöhnlich für ein Astaire-Musical) macht *Damsel* beim Ansehen zum schönsten Film Astaires aus dieser Periode, mit Ausnahme vielleicht von *Swing Time*. Trotzdem war der Film Astaires erster, der an der Kinokasse schwach ankam, während die ungestüme Popularität von *Stage Door* bei Fans und Kritikern zur selben Zeit erneut bewies, daß Ginger ohne ihn sehr gut auskommen konnte. Astaires Soloprestige nahm weiter ab, als eine Anzeige eines Kinobesitzers im *Independent Film Journal* verkündete, Stars wie Mae West, Katharine Hepburn, Marlene Dietrich, Joan Crawford, und er selbst seien »Gift für die Kinokasse«. Die RKO ging als Reaktion darauf auf Nummer Sicher und vereinte ihn wieder mit Rogers. Astaire blieb zwischenzeitlich arbeitslos, während Ginger ihre Verträge erfüllte und ohne ihn in *Vivacious Lady* und *Having Wonderful Time* die Hauptrolle spielte.

Carefree lieferte die Möglichkeit für ihre widerwillige Wiedervereinigung, doch niemals hatte ein Film einen unpassenderen Titel – etwas wie »Down to Earth« wäre sehr viel angemessener gewesen. *Shall We Dance* hatte deutliche Zeichen von drohendem Unheil im Paradies von Astaire und Rogers gegeben, deswegen versetzte *Carefree* sie in das prosaischere Milieu einer typischen Mittelklassefarce aus den dreißiger Jahren, die selten von Freds und Gingers unnachahmlichen musikalischen Höhenflügen der Phantasie unterbrochen wurde. Normalerweise sah die Welt in Astaires Filmen wie kein anderer Ort auf der Welt oder der Leinwand aus. Hier lebt und arbeitet er nun in der gewohnten Nachbildung von Manhattan auf dem Studiogelände, und findet Ablenkung in Räumlichkeiten, die wie ein echter Country Club aussehen, wo man erwarten könnte, daß sich wirkliche Sterbliche versammeln. Überdies liefert *Carefree's* Hauptthema – Psychoanalyse – trotz aller absurder Behandlung, einen schwermütigen Kontrast zu den frivolen Kleinigkeiten, die normalerweise als Handlung in Astaires Filmen durchgingen.

Innerhalb dieses naturalistischen Zusammenhangs bieten Astaire und Rogers gleichermaßen überzeugende Darstellungen, und der Film hat mehr als seinen gewöhnlichen Anteil an lustigen und bewegenden Augenblicken. *Carefree* tat sogar noch mehr, als nur den unvermeidlichen Tempowechsel für Fred und Ginger zu sichern – er entzog ihnen viele jener mythischen Qualitäten, die ihre Zusammenarbeit so einmalig gemacht hatten. *Carefree* ist oberflächlich viel weniger trivial als seine Vorläufer, aber auch viel weniger erinnerungswürdig. Astaire und Rogers sind hier aus ihrem besonderen Universum entfernt worden und erscheinen eher wie zwei vollendete Profis, die zufällig gut zusammenarbeiten, als die hochgradige Unvermeidlichkeit von einst.

Zum erstenmal ist Astaire weder ein Bandleader noch ein Berufstänzer. Er spielt einen ziemlich störrischen Psychiater, dessen Kundschaft aus einer Ansammlung von, wie er es nennt, verwöhnten und verhätschelten Frauen besteht. Rogers tritt ins Heer seiner Patienten ein, weil sie vor dem Altar zurückschreckt und nicht weiß warum. (Wenn man bedenkt, daß ihr Verlobter Ralph Bellamy ist, der ewige Zweite in den Screwball-Komödien der dreißiger Jahre, ist das im Falle von Ginger ein eindeutiges Zeichen für geistige Gesundheit.) Als Astaire sie dazu überredet,

Ein Doktor (Walter Kingsford) ist hier gar nicht vonnöten. Fred und Ginger (mit »Herzschmerzen«) in ›Carefree‹ (1938).

ihr Unterbewußtsein zu lüften, fängt sie an, von ihrem höflichen Analytiker statt von ihrem angeblichen Geliebten zu träumen. Aus Loyalität gegenüber Bellamy hypnotisiert Astaire Rogers und gibt ihr den Gedanken ein, Fred zu verabscheuen und ihren Bräutigam anzubeten, bis das Unterbewußtsein des guten Doktors sich selbst behauptet und er sich verzweifelt bemüht, sie wieder aus dem Zauber zurückzuholen, den er viel zu erfolgreich über sie gelegt hat.

Überbleibsel des alten Astaire-Rogers-Musters haften immer noch an *Carefree*, und wie gewöhnlich sind ihre drei Paartänze darauf ausgerichtet, den emotionellen Fortschritt ihres Verhältnisses zu beschwören – oftmals tatsächlich beredsamer als der Dialog, den sie in der Zwischenzeit murmeln. Doch *Carefree* reflektiert wirklich Ginger Rogers' Versuch, als eine eigenständige, ausgeprägte Schauspielerin und Komödiantin ernstgenommen zu werden, statt als Astaires bis in alle Ewigkeit pflichtgetreuer, wenn auch rückwärts tanzender Lehrling. Dieses Mal ist Ginger in ihrer Beziehung der Angreifer, und sie ist es, die von dem Gedanken besessen wird, mit ihm zu tanzen, anstatt nach dem gewöhnlich anders herum laufenden Handlungsmuster. Rogers spielt eine gebührliche Heldin mit unberührter wollüstiger Erfindungskraft und wechselt mit trefflicher Leichtigkeit zwischen schmerzlicher Zurückhaltung und zügellosem Ungestüm, während Astaire von der Seitenlinie aus ruhig zusieht.

Als der Mann, der Ginger von ihren Hemmungen befreit, verwendet Astaire seinen bekannten ruhigen Charme nur als eine unechte Art von taktvollem Umgang, um seine widerspenstige Patientin zu verführen. Die Darstellung eines Psychiaters, sogar in einer musikalischen Komödie, unterdrückt Astaires herkömmliche Überschwenglichkeit – in *Carefree* ist er ziemlich ernst und erscheint plötzlich viel älter als in allen seinen vorangegangenen Filmen. Er fügt außerdem seiner äußeren Fassade von beruflicher Abgeschlossenheit einen neuen Ton von Weiberhaß hinzu. Dank seiner weiblichen Patienten klassifiziert Astaire die Frauen, einschließlich Ginger, als verdorbene, einfältige Kreaturen, bis er dem Gefühl erlaubt, diese ganzen rationalen Abwehrmaßnahmen zu durchbrechen. Astaire behandelt diesen ziemlich abrupten Umbruch in seiner Leinwandpersönlichkeit äußerst feinfühlig. Die beschwichtigende Resignation, mit der er bei der hypnotisierten Ginger die Gehirnwäsche vornimmt, ist vielleicht die bewegendste darstellerische Leistung, die er bis zu diesem Zeitpunkt abgeliefert hat. Überreste dieser Figur tauchten wiederholt auf, als Astaire älter wurde, und viele spätere Filme von Astaire konzentrierten sich auf seine fast zu späte Erkenntnis, daß er die Frau liebt, die ihn seit ihrem ersten Zusammentreffen kunstreich verfolgt. »Warum hast *du* mir nicht gesagt, daß ich dich liebe?« erkundigt sich Astaire bei Judy Garland zehn Jahre später in *Easter Parade*. Diese Frage hätte genausogut von Fred an die Ginger Rogers von *Carefree* gestellt werden können.

Eines der Dinge, die Astaire und Rogers als Paar zu so etwas Besonderem machten, war, daß jeder von ihnen so offensichtlich im anderen ein unwiderstehliches Verlangen ausfüllte, zumindest, wenn sie anfingen zu tanzen. In *Carefree* gibt Astaire der gehemmten Ginger etwas Wundervolles, um davon zu träumen, während

Fred und Ginger in der »The Yam«-Sequenz von ›Carefree‹ (1938).

sie seinem bis dahin leidenschaftslosen Leben Vitalität verleiht. Die Erotik dringt zu der schlummernden Ginger ein, als Astaire sie in ihren Täumen mit »I Used to Be Color-Blind« ansingt, während sie in Zeitlupe über eine Ansammlung von enormen Seerosenblättern hüpfen. Der zurückhaltende Astaire läßt sich auf dem Golfplatz (seinem bevorzugten Aufenthaltsort im Privatleben) mit »Since They Turned ›Loch Lomond‹ Into Swing« gehen, und schlägt lange Drives mit unerhörter Präzision, nur weil Gingers Spöttelei ihn dazu angestachelt hat.

Später verliert er seine Zurückhaltung für immer, dank Rogers' Überredungskünsten, zum Rhythmus von »The Yam«, unglücklicherweise einem der eher albernen Lieder von Irving

Berlin. Fred und Ginger taumeln wie synkopierte Rattenfänger in der Country-Club-Dekoration von Raum zu Raum und beleben diesen nicht besonders neuartigen Spezialtanzschritt mit ihrer fröhlichen Laune. Sie beschließen ihre Wanderung mit dem erstaunlichen Augenblick, in dem Astaire sein Bein auf eine Folge von weißgedeckten Tischen legt und Rogers mühelos darübersegelt.

»I Used to Be Color-Blind« ist auf der Leinwand viel weniger perfekt in Szene gesetzt, obwohl es ein viel anspruchsvolleres Lied von Irving Berlin ist. Der Zeitlupeneffekt erscheint unnötig und beeinträchtigt die Sinnlichkeit der sowieso schon schleppenden Choreographie, und die Nummer schreit förmlich nach Technicolor – der Text führt praktisch jede Färbung des Spektrums auf, und der wunderliche Hintergrund der Wasserlilien und ähnlichem sieht in Schwarzweiß schrecklich trostlos aus.

Doch ihr Tanz, der »Change Partners« begleitet, ist so hervorragend, daß er ganz allein schon für die anderen Enttäuschungen des Filmes entschädigt. In gewisser Weise hatte Astaire oftmals Ginger dazu gebracht, im Tanz unerwartete Facetten ihrer Persönlichkeit aufzudecken, doch »Change Partners« bringt Astaires hypnotischen Einfluß auf sie schmerzhaft deutlich zu Tage. Für gewöhnlich vereitelt Astaire ihr Widerstreben zum Tanz damit, daß er physisch ihren versuchten Abgang blockiert, doch hier hat er sie für den Augenblick in Trance versetzt und zieht sie magisch an, ohne sie überhaupt anfangs zu berühren – seine Hände zucken in ihre Richtung, und ihr geschmeidiger Körper gleitet seinem Verlangen entgegen. Sie steht stumm und bewegungslos da, während Fred jede folgende Bewegung überlegt, bis seine Arme noch einmal einen abstrakt choreographierten Befehl an Ginger übermitteln, die daraufhin tanzend zum Leben erwacht. In einem besonders elektrisierenden Moment gleitet Ginger rückwärts auf den winkenden Fred zu, obwohl sie seine Gesten überhaupt nicht gesehen hat – ihr Rücken war ihm die ganze Zeit zugewandt. Es erscheint wirklich so, als ob eine unsichtbare magnetische Kraft sie unerbittlich zusammenzieht. »Change Partners« ist glänzend choreographiert und mit überwältigender Finesse aufgeführt, und ist

Nur tanzend kommen sie sich näher: Fred und Ginger in der »Change Partners«-Sequenz von ›Carefree‹ (1938).

Vernon (Fred Astaire) wirbt um Irene (Ginger Rogers) auf einer Parkbank. Eine Szene aus ›The Story of Vernon and Irene Castle‹ (1939). Komödienspezialist H. C. Potter inszenierte das Ganze.

ein Tribut an die Perfektion, mit der ihre Körper und Gemütsarten sich gegenseitig ergänzen.

Carefree's relativ lauwarme Aufnahme an der Kinokasse bestätigte, was jeder daran Beteiligte schon lange vermutete: Die geliebte Saga von Astaire und Rogers lebte in geborgter Zeit. Um dem schwindenden Team einen denkwürdigen letzten Auftritt zu vermitteln, stieß das Studio zufällig auf eine eingebungsvolle Idee. In *The Story of Vernon and Irene Castle* (1939) faßten Astaire und Rogers ihre eigene glänzende Partnerschaft in der Reinkarnation des legendären Tanzpaares der vorhergehenden Generation zusammen. Sicherlich konnte niemand die Schuhe der Castles auf der Leinwand gänzlicher ausfüllen als Astaire und Rogers, und *Vernon and Irene Castle* erwies sich in vieler Hinsicht als ihr ambitionsreichstes Projekt. Dieser Film war ihre erste zeitgenössische Anstrengung und lieferte eine Story, die komplexer als ihre üblichen Scharaden aus verwechselten Identitäten und deplazierten Emotionen war. Hier verlangten die Figuren mehr als ihre gewöhnliche Patina aus strahlendem Charme, und die Tanznummern mußten ihren eigenen spezifischen Stil mit der Wiederbelebung der Schritte verbinden, die von jemand anderem erschaffen worden waren. Außerdem verschmäht *Vernon and Irene Castle* den humorvollen Ton, der alle Filme von *Flying Down to Rio* bis *Carefree* charakterisiert hatte. In Erzählung einer im wesentlichen tragischen Geschichte vom kometenhaften Aufstieg und dem nachfolgenden frühzeitigen Tod, ist der Film fast so spaßig wie *The Grapes of Wrath* (Früchte des Zorns, 1940).

Der Film wurde von der sehr scharfsinnigen Irene Castle überwacht und hält sich viel genauer als die meisten Filmbiographien an die Beschränkungen faktischer Genauigkeit. Bei ihrem ersten Zusammentreffen ist Vernon ein erfolgreicher Kleinkomiker am Broadway, während Irene ein schmuckes junges Mädchen mit dem innigen Wunsch nach einer Karriere im Tanz ist. Vernon gibt die Komik zugunsten einer Tanznummer mit Irene auf, und nach ihrer Hochzeit kämpfen sie mit einer fruchtlosen Probe in New York und weiterer schweren Zeit in Frankreich, bevor sie Paris über Nacht mit so neuartigen Schritten wie dem Castle Walk beleben.

Der Tanz der »Castles« aus ›The Story of Vernon and Irene Castle‹, also ihr Tanz. Ginger und Fred in H. C. Potters Film aus dem Jahre 1939.

Amerika schließt sie mit sogar noch größerer Hysterie in die Arme, die ganze Nation imitiert ihre Garderobe, ihre Tänze und sogar Irenes revolutionär kurzgeschnittene Frisur. (Wie berichtet wurde, erlitt die echte Mrs. Castle geradezu einen Anfall, als sich Ginger weigerte, ihre Locken demgemäß stutzen zu lassen, und tatsächlich sind ihr Make-up und ihre Frisur die einzigen wirklichen Anachronismen in dem Film.) Mit dem Ausbruch des Ersten Weltkrieges im Jahre 1914 meldet sich der patriotische Vernon als Flieger zur Armee. Nach einer Serie von gefährlichen Missionen gegen die Deutschen, wird er ironischerweise auf einem routinemäßigen Übungsflug in Texas getötet.

Diese ganze Geschichte wird mit echter Zartheit und beträchtlicher Zurückhaltung erzählt, und zweifellos durch den festen Glauben von Astaire und Rogers bereichert, daß sie wahrscheinlich nie wieder zusammen arbeiten würden. Trotz all seiner Gefühlswärme wird *Vernon and Irene Castle* jedoch ein Opfer derselben Krankheit, die die meisten Filme ihresgleichen heimsuchte. In dem Bestreben, das Andenken an die Toten nicht zu beschmutzen oder den Lebenden auf den Schlips zu treten, klammerten solche Darstellungen der früheren Theatergrößen für gewöhnlich jede Charakterschwäche aus, die diese Figuren vielleicht zu wirklich interessanten Leinwandsubjekten hätten werden lassen, und machten sie als menschliche Wesen kaum glaubhaft. Wie zu erwarten, umgibt Regisseur H. C. Potter diese Personen mit einer Aura der Heiligsprechung. So wie sie hier dargestellt werden, sind die Castles so begabt, so gefaßt beim drohenden Herzeleid, so unvermindert einander zugetan, und schließlich so viel langweiliger als die fehlerhaften und eindrucksvoll fiktiven Figuren, die Astaire und Rogers in der Vergangenheit gespielt hatten.

Wie *Carefree* bemüht sich dieser Film ausdrucksvoller mit Gingers keimendem dramatischem Streben als mit Astaires herkömmlicher Stärke, doch erstaunlicherweise ist er am Schluß der Bessere von den beiden, da er nicht so auffallend versucht, mit seiner virtuosen schauspielerischen Technik zu beeindrucken. Rogers hat auch ihren Anteil an bewegenden Augenblicken, doch

Ihr letzter gemeinsamer Walzer: Fred und Ginger in ›The Story of Vernon and Irene Castle‹ (1939).

im ganzen tendiert sie dazu, sich etwas zu selbstbewußt über die Situation zu stellen – als mädchenhafte Heldin ist sie voller Sommersprossen und spricht durch die Nase (dieser Part zählt zu Gingers Lieblingsrollen), als frauliche Irene bietet sie ein einstudiertes Porträt von schriller Unruhe und wird von Panik befallen, als Vernon sich unbesonnen dazu entschließt, seinen Teil zu den Kriegsanstrengungen beizusteuern. Astaires grundsätzliche Nonchalance auf der Leinwand befreit ihn von solchen heiklen Manierismen, und er entledigt sich seiner Rolle mit bedeutend weniger auffallender Anstrengung. Nun im Alter von Vierzig hat Astaires unbezähmbare Dynamik im Inneren eine ansprechende Ruhe erreicht, die Vernons Sorge um Irene und seine mutige Teilnahmslosigkeit gegenüber der Gefahr schlicht und einfach bewegend macht.

Astaires und Rogers' gewissenhafte Reproduktion der berühmtesten Nummern der Castles glüht vor Überschwenglichkeit und offenbart in ganzem Maße ihre erstaunliche Vielseitigkeit als Tänzer. Die Choreographie durchläuft die ganze Bandbreite vom lebhaften One-Step von »Too Much Mustard«, der eine blitzschnelle Serie von raschen Umdrehungen vorführt, bis zu einem vortrefflich einfachen Walzer, der die Wiedervereinigung von Vernon und Irene während des Krieges am Schauplatz ihres ersten Triumphes in Paris illustriert. Dazwischen führen sie eine Montage von einzelnen Steps vor, um ihren schnellen Aufstieg zu Ruhm und Berühmtheit zusammenzufassen, einschließlich dem Maxixe, der Castle Polka, und einem fast possierlichen Tango, bei dem Astaire eine weite schwarze Satinhose trägt. Den Höhepunkt bietet das geistreichste Bild des Films: Fred und Ginger tanzen über eine ungeheuere Karte der Vereinigten Staaten, während ameisengleiche Schwärme von Tanzverrückten in ihren Fußstapfen aus dem Boden wachsen. Astaire stellt auch das einzige Originallied des Filmes vor, die zugkräftige Ballade »Only When You're in My Arms«, und führt zwei Solotänze mit hervorstechender Eleganz vor.

Die Schwierigkeit mit den meisten dieser Nummern liegt darin, daß, so glänzend sie auch sind, ihnen die Spontaneität und der emotionale Widerhall fehlen, die Freds und Gingers frühere Arbeiten ausgezeichnet hatten. Die trickreich formalisierten Schrittfolgen, die sie hier nachvollziehen, sind vom technischen Standpunkt aus eindrucksvoll, aber auch nicht mehr. In gewisser Weise sind Fred und Ginger wirklich einfach zu gut, um den Castles Gerechtigkeit widerfahren lassen zu können. Der Film beweist, daß die Castles sicherlich Trendsetter gewesen sind, doch grundsätzlich waren sie nur ein Paar von ungewöhnlich graziösen und gescheiten Darstellern, während die großen Nummern von Astaire und Rogers bei weitem die Summe ihrer Tanzrollen übertreffen. Astaire wird von der biographischen Treue gehemmt und hat nicht den Raum zur Verfügung, den er für die Schöpfung seiner üblichen Tanzwerke aus Stimmung und Gefühl braucht.

Im Vergleich zu der heiteren Poesie von Astaires Filmen mit Rogers, ist *The Story of Vernon and Irene Castle* eine ziemlich bodenständige Prosa. Doch als Abschiedskapitel zu dieser außergewöhnlichen Serie, beschwört er den perfekten Ton von Nostalgie und Melancholie. Ob beabsichtigt oder nicht, *Vernon and Irene Castle* erzählt wirklich die Geschichte von Astaire und Rogers bis hin zu Irene/Gingers Wechsel zum Starruhm in dramatischen Filmen, sobald sie einmal von ihrem Ehemann/Partner getrennt ist. Die Castles waren nur etwas glücklicher als die Schauspieler, die sie spielten, indem Vernon starb, bevor die Castles sich gegenseitig über den Kopf wachsen konnten, wie es Ginger und Fred vor unseren Augen getan hatten. Der Film schließt mit der heimsuchenden Aufnahme der geisterhaften Vernon und Irene, die einen Gartenweg in die Unendlichkeit in Pirouetten hinuntertanzen, doch der Schmerz, der damit beschworen wird, hat kaum etwas mit irgendeinem Gefühl zu tun, das wir den Castles in den vorhergehenden neunzig Minuten entgegengebracht haben. Astaire und Rogers selbst lösen sich in diesem Augenblick in unseren Gedanken auf. Sie sollte im folgenden Jahr für ihre Ode an das Mädchen mit dem weißen Kragen in *Kitty Foyle* (1940) einen Oscar gewinnen, er sollte sich einer unsicheren Zukunft gegenübersehen, in der er von Studio zu Studio wanderte, auf der Suche nach einer erneuten Karriere. Astaire hatte es zuvor schon einmal geschafft, die Wahrscheinlichkeit zu besiegen und eine eigene Karriere zu schmieden. Nun, angesichts des Treubruchs von Ginger, mußte Astaire zum Anfang zurückgehen und ein neues Wunder suchen.

Tanzpartnerin gesucht

Astaires Kontrakt bei der RKO war ausgelaufen, und es bestanden keine Aussichten auf einen neuen Langzeitvertrag. Also sondierte Fred sorgfältig seine Möglichkeiten für die Zukunft. Nach einer gemütlichen Reise mit seiner Frau durch Europa, kehrte er nach Hollywood zurück, um das Angebot der MGM anzunehmen, mit der studioeigenen Königin des Steptanzes, Eleanor Powell, in der neuesten Folge der extravaganten *Broadway Melody* aufzutreten. Zu diesem Zeitpunkt muß *Broadway Melody of 1940* wie eine verheißungsvolle Lösung für Astaires Nullpunkt in der Karriere ausgesehen haben, doch das Ergebnis erwies sich als nachdrücklich ganz anders. Diese *Broadway Melody* war die mäßige letzte Ausgabe einer Serie, die überhaupt ziemlich drittklassig war. Astaire wurde mit einer Menagerie von grotesken Sondernummern umgeben, seine übliche Überschwenglichkeit von einem Minderwertigkeitskomplex erstickt, und man stieß ihn mit einem Partner in das gleißende Licht des Scheinwerfers, dessen Stil mit seinem eigenen mißtönend kollidierte.

Vier Drehbuchautoren kämpften mit dem Script für diese *Broadway Melody*, und ihre vereinten Mühen bewirkten nur eine weitere kitschige Bühnengeschichte, die für Astaire die unpassendste Rolle seit den vergangenen Tagen von *Flying Down to Rio* enthielt. Als die weniger anmaßende Hälfte einer um Anerkennung ringenden Tanznummer mit George Murphy, erlahmt Astaire aus lauter unerwidertem Verlangen, während sich sein früherer Partner die Zeit mit Broadwaystar Powell vertreibt und den Durchbruch in der Karriere erreicht, der eigentlich für Astaire bestimmt gewesen war. Doch schließlich weist das Schicksal natürlich den prahlerischen frechen George in seine Schranken, und Astaire erringt gleichzeitig den Starruhm und seine Geliebte, doch zu diesem Zeitpunkt ist der Schaden bereits angerichtet. Astaire ist des Großteiles seiner üblichen Energie und Zuversichtlichkeit beraubt und leidet sichtbar darunter, solche massiven

Fred Astaire und George Murphy in ›Broadway Melody of 1940‹, einem Film von Norman Taurog.

Dosen von passivem Märtyrertum heucheln zu müssen. Er verbringt seine meiste Zeit auf der Leinwand damit, trauervolle Blicke an der Kamera vorbei zu werfen, vermutlich auf der Suche nach all den Handwerkern der RKO, die wußten, wie man ihn richtig und wirkungsvoll ins Rampenlicht rückte.

Immer wenn sich Astaire nicht mit diesen grauenvollen Ablenkungsmanövern herumschlagen muß, findet er in der ungleichmäßigen Musik von Cole Porter etwas Ruhe und Erholung. In verschiedenen Szenen ficht er geschmeidig mit seinem Gehstock

Fred hatte eine neue Partnerin und eine neue Produktionsfirma: Eleanor Powell und MGM. Sie tanzen nach Cole Porters »I Concentrate On You« in dem Film ›Broadway Melody of 1940‹.

gegen den phlegmatischen Murphy zu den Klängen von Porters »Don't Monkey With Broadway« und ergeht sich später in einer jazzigen Abwandlung von etwas, was er in *Roberta* mit »empfindsamem Piano« bezeichnet hatte, einem schneidigen Loblied auf Eleanor Powells Liebreiz, mit »I've Got My Eyes On You«. Interessanterweise findet Astaires überzeugendste Zurschaustellung seiner Gefühle für seine Partnerin jedesmal dann statt, wenn sie diskret außerhalb der Kamerareichweite ist. Miß Powells stählernes Grinsen und ihr hölzerner Vortrag des Textes setzen jedes Gefühl herab, das der Dialog vielleicht enthalten hatte, doch es gab noch etwas Schlimmeres. Ihre Tanzauffassung steht in völligem Gegensatz zu der von Astaire und besteht aus einer Menge Glanz und Spritzigkeit, enthält jedoch keine Substanz und kein Gefühl.

Die Powell fühlt sich wirklich als das menschliche Wurfgeschoß

Unbeschreiblich faszinierend inszeniert: Cole Porters »Begin the Beguine«. Fred Astaire und Eleanor Powell in ›Broadway Melody of 1940‹ (1940).

am wohlsten, das in ihrer Produktionsnummer »I Am The Captain« von einer Truppe von Tänzern in Matrosenanzügen herumgeschleudert wird. Während Astaire die Tricks auf ein Minimum reduzierte, um seinen Auftritten einen fließenden Schwung zu verleihen, schiebt Eleanor Powell alles andere in den Hintergrund, um ihre hohen Kicks und heldenhaften »Preßlufthammer«-Taps vorzuführen. Im Gegensatz zu Ginger Rogers hatte Eleanor Powell sehr bestimmte eigene Vorstellungen in der Choreographie, und sie zieht Astaire mit sich hinunter in den samtenen Kitsch des Balletts »I Concentrate On You«, wobei sie in Masken und Harlekinkostümen über die Bühne zittern, die der Parade der Ballettgruppe aus der Radio City Music Hall am ersten April angemessen gewesen wären. Es sieht so aus, als ob Astaire Ginger Rogers für die Vorzüge einer weiteren Harriet Hoctor aufgegeben hätte.

Doch man konnte Eleanor Powells blendende Leichtigkeit bei einer Stepnummer nicht leugnen, und ihr langes großartiges Duett zu den Klängen von »Begin the Beguine« ist hochfliegend effektvoll. Indem sie wie Windräder umeinander herum wirbeln und Botschaften in einem swingenden rhythmischen Code heraussteppen, schimmern Astaire und Eleanor Powell vor Fachkenntnis und schaffen es verspätet, *Broadway Melody* und ihre eigene Zusammenarbeit mit Vitalität zu erfüllen. Astaire zeigt eine herrliche unerwartete Wirkung auf Eleanor Powell in dieser Nummer – sie folgt Freds Beispiel und ist das erstemal nicht darauf aus, die Zuschauer mit der Präzision ihrer Fußarbeit umzubringen, sondern scheint sich außerdem tatsächlich zu amüsieren, was ihrer Arbeit eine völlig andere Ausstrahlung verleiht.

Die unharmonische *Broadway Melody* schaffte es nicht, große Menschenmengen an die Kinokassen zu ziehen, doch immerhin war sie unbestreitbar eine wichtige Leistung gewesen, die irgendwie nicht die Erwartung erfüllen konnte. Unglücklicherweise konnte man von dem traurigen *Second Chorus* (1940), Astaires unmittelbarem Nachfolger zu *Broadway Melody*, nicht einmal das behaupten. *Second Chorus* ist eine billige, unabhängige Produktion, die von der Paramount verliehen wurde, und vermischt die Mängel seiner knappen Produktionswerte und bedeutungslosen Musik mit der Fehlbesetzung Astaires in einer Rolle, die viel eher zu jemandem wie Mickey Rooney gepaßt hätte. Durch ein unglaublich unlogisches Kunststück porträtieren er und Burgess Meredith zwei etwas zu alt geratene Studenten, die den ganzen Film damit verbringen, sich gegenseitig jugendliche Streiche zu spielen, während sie um Paulette Goddards Herz und einen Job in der Swing Band von Artie Shaw konkurrieren. Wie vorauszusehen, erwies sich Astaires verzweifelter Versuch, mit einer Rolle fertig zu werden, in der er einfach zwanzig Jahre zu alt und seinen Talenten völlig fremd war, als bedeutend lustiger, als die kraftlosen Witze und versoffenen Bemerkungen, die ihm vom Drehbuch geliefert wurden.

Second Chorus reflektiert den veränderten Musikgeschmack der kinobesessenen amerikanischen Backfischgeneration und unterdrückt Astaires tänzerische Talente zu Gunsten der Hervorhebung der zeitgerechteren Anziehungskraft von Artie Shaws Bigband-Sound. Astaire versucht gelassen, sich dieser Neuordnung der Dinge anzupassen, produziert fröhlich ein paar Töne auf einer Jazztrompete und informiert beiläufig die jugendlichen Musikfreaks im Publikum, »I Ain't Hep To That Step But I'll Dig It« (»Ich bin mit dem Schritt nicht vertraut, werde ihn aber bald begreifen«). Die Band von Artie Shaw und Astaires Klasse verbinden sich erfolgreich für das Finale. Fred leitet die Shaw-Combo in »Swing Concerto«, einer Eigenkomposition des Bandleaders, und ersetzt seinen zuverlässigen Spazierstock durch den

Das Mädchen aus der »zweiten Reihe«. Paulette Goddard und Fred Astaire in ›Second Chorus‹ (1940).

Taktstock eines Dirigenten, während er zu der homogenisierten Jazz-Orchestrierung niederkauert und umherwirbelt, ein fieberndes Trommelsolo mimt und im tempogeladenen Endspurt gleichzeitig Trompete spielt und vor sich hin steppt.

Wie Joan Fontaine fehlten auch Paulette Goddard die wesentlichen Voraussetzungen, um mit Astaire gleichwertig zu tanzen, doch ihre Keckheit liefert wenigstens einen erfrischenden Gegensatz zu dem jugendlichen Ungestüm, das ihren Costars aufgebürdet wurde. Indem sie auf der Leinwand die Annäherungsversuche ihres im Privatleben zukünftigen Ehemannes Burgess Meredith abweist, schließt sie sich Astaire bei einem energischen Jitterbug an, bei dem ihre Munterkeit ihre unzureichende Technik mehr als ausgleicht. Doch die Abwesenheit einer idealen musikalischen Begleiterin war in *Second Chorus* Astaires kleinstes Problem. Der verdiente Reinfall des Filmes beim Publikum beschleunigte den Niedergang, der seit *A Damsel in Distress* augenscheinlich gewesen war. Ein weiteres billiges Fiasko wie *Second Chorus* hätte Astaire möglicherweise für immer von der Leinwand verbannt.

Glücklicherweise rettete eine »Gute Fee« namens Harry Cohn Astaire gnädig vor dieser schrecklichen Aussicht. Cohns Domäne bei der Columbia war nach dem Standard Hollywoods relativ bescheiden, doch sie besaß einen großen potentiellen Vorzug – eine wunderschöne ehemalige Tänzerin namens Rita Hayworth, die zu dem Zeitpunkt an der Schwelle zum großen Filmruhm stand. Nachdem damals ihre schauspielerischen Fähigkeiten eindeutig beschränkt waren, entschloß sich das Studio, Miß Hayworth' Vorzüge in einer Serie von Musicals zur Schau zu stellen, unter dem ansehnlichen Beistand des fraglosen Profis Astaire. Zuerst zögerte Astaire. Er kannte Hayworth' fersenklickenden Vater Eduardo Cansino aus den lange vergangenen Tagen des Vaudeville und befürchtete, lächerlich zu wirken, wenn er zur Musik die eindeutig jüngere Hayworth betörte. Trotzdem unterschrieb er schließlich für zwei Filme mit Rita Hayworth, was sich als die klügste Entscheidung in seiner Karriere erwies, seitdem er sich zwei Jahre zuvor von Ginger und der RKO getrennt hatte.

In bezug auf Budget und Reichweite gehört *You'll Never Get*

Paulette Goddard kann tanzen. Fred bringt es ihr bei. Beide in ›Second Chorus‹ (1940) von H. C. Potter.

Bei der Columbia mußte Fred unweigerlich mit Rita Hayworth zusammentreffen. Und so geschah es dann auch . . . und Rita konnte tanzen, und wie. Die beiden in ›You'll Never Get Rich‹ (Reich wirst Du nie, 1941) unter der Regie von Sidney Lanfield und nach der Musik von Cole Porter. Rita war auf dem Wege ganz nach oben, Fred war schon dort.

Rich (Reich wirst Du nie, 1941) eindeutig zu den bescheidenen Filmen, doch seine Seele und seine Zuversicht machen seine Anspruchslosigkeit zu einem klaren Vorteil. Der Film ist in seiner gewöhnlichen Art und Weise genauso fantasiebeladen wie Astaires Ausstattungsträume bei der RKO, und nimmt von dem drohenden Krieg insofern Notiz, daß er Astaires Abendanzug bis Kriegsende durch olivgrüne Kleidung ersetzt. Als ein Regisseur von musikalischen Komödien schließt er sich fröhlich der Armee an, um den scheinbaren Ränken des Chormädchens Rita und den wichtigtuerischen Machenschaften von Produzent

Robert Benchley zu entgehen. Astaire verbringt seine meiste Zeit in T-Shirts und Armeedrillich, während er die Manöver mit einem unwiderstehlichen Buck-and-Wing unterbricht.

Der Film hält sich an die Wunschvorstellungen der Wehrdienstwerbeplakate und spielt in einem Armeestützpunkt, der ausgesprochen an ein Ferienlager für schelmische Pfadfinder erinnert. Für kleinere Vergehen wie die Verkörperung eines Offiziers bei einer nicht gestatteten Entfernung von der Truppe, wird Astaire mit ein paar Tagen in einer gemütlichen Zelle bestraft, die er sich mit einem Kontingent von musikalischen schwarzen Soldaten teilt, die ihre Zeit damit verbringen, Fred bei seinen unbezähmbaren militärischen Stepübungen zu begleiten. Schließlich erlösen ihn seine freundlichen vorgesetzten Offiziere aus seiner angenehmen Haft, damit er die Truppen unterhalten und die widerspenstige Rita (die Astaire im Zivilleben falsch eingeschätzt hat) betören zu können. Und er bekommt sogar für eine kurze Hochzeitsreise mit seiner tanzenden Braut Urlaub. Regisseur Sidney Lanfields Wei-

Rita Hayworth und Fred Astaire in ›You'll Never Get Rich‹ (Reich wirst Du nie, 1941).

gerung, auch nur einen Augenblick dieses Unsinns erst zu nehmen, gibt dem Film seinen angemessenen leichtbeschwingten Ton, und die ganze Sache ermöglichte Astaire einen belebenden Tempowechsel gegenüber seinen verbrüdernden Possen in *Second Chorus*.

Obwohl Cole Porter nie halb so effektvoll für die Leinwand komponierte wie für die Bühne, sind seine Beiträge zu *You'll Never Get Rich* ganz besonders nützlich und liefern die Rechtfertigung für Astaires variantenreichste Arbeit seit langer Zeit. Noch in Zivil, wechselt er zwischen emporstrebendem Semiballett und niederprasselndem Step, während er gegnerische Scharen von probenden Chormädchen in der »Boogie Barcarolle« anführt. Er verabschiedet sich von ihnen liebevoll auf dem Hauptbahnhof mit einem Strut à la George M. Cohan und verkündet: »I'm Shooting the Works for Uncle Sam«. In Uniform erschüttert er die Dachbalken des Wachlokals mit »Since I Kissed My Baby Goodbye«, einem munteren Wirrwarr aus athletischen Sprüngen, militärischen Saluten, und vorschriftsmäßig steppender Beinarbeit.

Seine zwei Duette mit Rita Hayworth reichen von einer rumbaangehauchten Nummer, mit Rücksicht auf ihre lateinamerikanische Herkunft, zu »So Near And Yet So Far«, Porters glänzendstem Lied in diesem Film, bis zu dem jivebesessenen Stepwettstreit in dem lebhaften kriegerischen Finale unter dem Titel »The Wedding Cake-walk«. Die Hayworth ist als Tänzerin nicht halb so ausdrucksvoll wie Ginger Rogers, noch so geschmeidig gegliedert wie Eleanor Powell, doch ihr größter Vorzug liegt in ihrer munteren Sinnlichkeit, die ein nettes Gegengewicht zu Astaires biegsamer Askese darstellt. *You'll Never Get Rich* erfüllte die Erwartungen der Columbia erfreulich und wirbelte Rita Hayworth näher an den echten Starruhm heran, während er Astaires Beliebtheit beim Massenpublikum unterstützte.

You'll Never Get Rich hatte wenigstens den Anspruch auf aktuelle Bedeutung, doch *You Were Never Lovelier* (Du warst nie berückender/Ein schönes Mädchen wie Du, 1942) ist schamlos mit märchenhaften Eskapaden durchtränkt. Der Film spielt in einer Postkartenreproduktion von Buenos Aires voller Palmen und

Orchideen, und seine Haltung übertrifft sogar noch *You'll Never Get Rich* mit ihrer unverfälschten Nichtigkeit. Das Ganze hat irgend etwas mit dem strengen argentinischen Familienoberhaupt Adolphe Menjou zu tun, und seiner Suche nach einem mysteriösen Freier, der den Eisberg Rita Hayworth aus ihren romantischen Phantasien herauslocken soll, damit ihre jüngeren Schwestern schließlich auch heiraten können. Regisseur William Seiters inszenatorische Schwerfälligkeit hatte sich seit den Tagen von *Roberta* nicht gebessert, und der Film bricht beinahe unter dem angehäuften Gewicht der nutzlosen und unnötigen Handlungsverstrickungen, Menjous ewig schlechter Laune, und einigen erstarrenden Beiträgen von Xavier Cugat und seiner Band, zusammen.

Fred tänzelt in Adolphe Menjous Büro herum. Für Fred war Adolphe kein geeigneter Tanzpartner. Eine Szene aus ›You Were Never Lovelier‹ (Du warst nie berückender/Ein schönes Mädchen wie Du, 1942). Und wer war zu jener Zeit das »schönste Mädchen« von Cohns Columbia? Na, wer wohl? Rita Hayworth. Ach so, das wußten Sie schon!

Glücklicherweise verbinden sich Astaires gewinnende Fußarbeit, Rita Hayworth' Lieblichkeit, und eine besonders fröhliche Partitur von Jerome Kern und Johnny Mercer, um das angemessene Gleichgewicht wiederherzustellen. Astaire liefert eigentlich eine Wiederholung seiner Darstellung in *A Damsel in Distress* und spielt einen Tänzer auf Urlaub, der eingezogen wird, um die schlafenden Gefühle der hochwohlgeborenen Heldin zu wecken. Er protestiert die ganze Zeit lahm, daß er diese ganze lange Reise nur gemacht habe, um sich zu erholen und auf Pferde zu wetten – nicht, der Himmel möge es verhüten, um zu tanzen. Getreu seines Versprechens läßt Astaire das Publikum eine unverantwortlich lange Zeit warten, bevor er sich in einer tüchtig lateinamerikanisch angehauchten, hüftenschwingenden Reise durch Menjous Büro Luft macht, und seinem Hang zum Schlagzeug nachgibt, indem er in synkopiertem Kontrapunkt zu seiner Fußarbeit auf Holz klopft (einen Schreibtisch, eine Lampe, einen Tisch, Menjous Schädel).

In der angemessenen Manier eines Dornröschens watet Rita Hayworth befangen durch die ganzen Textzeilen, die sie zu lesen hat, um bei Astaires erster Berührung auf der Tanzfläche überschwenglich zu erblühen. Ihre romantischen Duette gehen in der Stimmung auf Astaires erotische Umdrehungen mit Ginger zurück, doch Ritas üppige Sinnlichkeit tendiert dazu, Astaires spindeldürre Figur in diesen Zwischenspielen Wange an Wange zu überwältigen – er kann die Hayworth kaum mit derselben mühelosen Ausstrahlung emporheben, wie er es mit der stromlinienförmigeren Rogers konnte.

Ihr nebeneinander getanzter klickernder Boogie-Woogie zu »The Shorty George« ist bedeutend effektvoller. Obwohl sich Komponist Kern bei den schwarzen Rhythmen des Songs offensichtlich nicht wohl fühlt, tanzen Astaire und Rita Hayworth ihn köstlich, parodieren die Überspanntheiten der Jiver aus den vierziger Jahren und schwelgen in der Fröhlichkeit ihrer Jitterbugschritte. Ihr Abgang ist besonders witzig. Fred und Rita kleben aneinander wie mondsüchtige Backfische und blicken glückselig gen Himmel, während sie ihre Körper langsam in Richtung Kulisse winden. Trotz dieser Szene enthält Astaires eindrucksvollster

O ja, die konnten auch tanzen: Fred und Rita Hayworth in ›You Were Never Lovelier‹ (Du warst nie berückender/Ein schönes Mädchen wie Du, 1942). William A. Seiter inszenierte. Er hatte die Unterstützung von Jerome Kerns Musik. Xavier Cugat und sein Orchester interpretierten sie.

Augenblick in dem Film überhaupt keine Choreographie. Zu Anfang des Filmes wird er angeheuert, um die Gesellschaft bei der Hochzeit von Ritas älterer Schwester zu unterhalten. In dieser Szene umschmeichelt Astaire sanft das Lied »Dearly Beloved« mit seinem unnachahmlich stillen Tremolo.

Astaire unterbrach seine Freuden mit Rita Hayworth auf Anfrage von Bing Crosby und tat sich mit ihm bei der Paramount für *Holiday Inn* (Musik, Musik!, 1942) zusammen. Paradoxerweise erwies sich dieser Film als Astaires vollendetste Anstrengung, seitdem er die RKO verlassen hatte, überbrachte aber gleichzeitig ein böses Omen im Zusammenhang mit seiner unsicheren Zukunft als eigenständiger großer Filmstar. Irving Berlins melodische Partitur und Mark Sandrichs glänzende Regie überstrahlen womöglich noch ihren Beitrag zu *Carefree,* ihrer letzten Zusammenarbeit mit Astaire. Die Paramount hatte jedoch Crosby unter einem Langzeitvertrag, und er war auf jeden Fall im Jahre 1942 ein größerer Kassenmagnet als Astaire. Deshalb wurde *Holiday Inn* auf der Linie der üblichen bequemen Filme von Crosby konstruiert. Während der Sänger in der Geschichte die dominierende Rolle spielt, die hervorstechendsten Lieder singt und die anziehendere Hauptdarstellerin gewinnt, beschäftigt sich Astaire mit seiner üblichen Handvoll an vergnügten Tänzen und der wirklich undankbaren Rolle der zweiten Geige zu dem wirklichen Star dieser Unternehmung.

Zu Beginn von *Holiday Inn* wetteifern Sänger und Komponist Crosby und Tänzer Astaire um die Gunst der unwürdigen Kollegin Virginia Dale, nur um ihre Nummer platzen zu sehen, als Crosby sich für den ländlichen Frieden der Holiday Inn entscheidet, einer Farm, die er für Nachtschwärmer an Urlaubswochenenden zu eröffnen gedenkt. Er wird bei diesem Vorhaben von der passend zimperlichen Marjorie Reynolds unterstützt, die Fred ebenfalls verfolgt, nachdem ihn Virginia zu Gunsten eines texanischen Ölmillionärs sitzengelassen hat. Die erwartete Rivalität erfolgt mit heftigem Ungestüm, doch obwohl Fred und Hollywood Marjorie für eine gewisse Zeit von Crosby weglocken, macht er seine Hoheitsrechte als an erster Stelle genannter Star geltend, um sie

Mark Sandrich und die Paramount brachten zwei große Stars der damaligen Zeit zusammen: Fred Astaire und Bing Crosby. Der Titel des Films: ›Holiday Inn‹ (bei uns: Musik, Musik!, 1942). Und die komponierte Irving Berlin. Links: Marjorie Reynolds.

wiederzugewinnen. In einem Nachsatz wird Virginia Dale wieder zurückgeholt, um Astaire zu trösten, und das natürlich rechtzeitig für das große Finale.

Diese zerstreute inkonsequente Handlung verbindet sich ordentlich mit Irving Berlins Liedern, die so aneinander gereiht sind, daß sie zu den entsprechenden Feiertagen passen: »Be Careful, It's My Heart« (Valentinstag), »Easter Parade« (Ostern), »I've Plenty to Be Thankful For« (Erntedank), und natürlich Crosbys berühmter Klassiker »White Christmas«. *Holiday Inn* entstand kurz nach den Ereignissen von Pearl Harbor und reflektiert nur im Vorübergehen das unheilvolle Klima der Kriegsjahre. Während Crosby feierlich Berlins »Song of Freedom« intoniert, informiert eine Wochenschau der Paramount das Publikum darüber, daß Amerika nur noch aus Munitionsfabriken, Kanonen, Schiffen und Flugzeugen besteht, wenigstens bis zum Kriegsende.

Im Vergleich zu den anderen Studios, in denen Astaire geschuftet hatte, wies die Paramount einen offensichtlichen Mangel an aparten Tänzerinnen auf. (Crosbys Heldinnen mußten nur überzeugend albern lächeln können.) *Holiday Inn* war in dieser langen Tradition keine Ausnahme, und Astaire wechselte andauernd zwischen den auswechselbar sanften Marjorie Reynolds und Virginia Dale hin und her. Er segelt im Walzertakt mit Marjorie Reynolds um einen riesigen Valentinsgruß aus Papier herum, kämpft damit, seinen Aufzug in Perücke und Seide aufrechtzuhalten, als Crosbys Kapelle launig ihr Menuett zu Ehren von Washingtons Geburtstag mit einem geschmetterten Jive unterbricht, und überzeugt Virginia Dale in einem Lied davon, daß man leicht mit ihr tanzen kann (»You're Easy to Dance With«), und beweist es gleichzeitig mit einer mutigen Tanzgruppe.

Jede dieser Nummern glitzert in dem kalten Glanz des Könnens, doch in Abwesenheit einer wirklich selbständigen Partnerin wie Rogers oder Hayworth, ist Astaire am besten, wenn er allein arbeitet. Eine glühende Zigarette und eine Schachtel Feuerwerkskörper liefern die Inspiration für Astaires Sternstunde in *Holiday Inn*, indem er die beiden gelegentlich zu einem explodierenden, ohrenbetäubenden Kontrapunkt zu seiner sprühenden Fußarbeit kombiniert, mit der er den Unabhängigkeitstag zelebriert: »Say It With Fireworks.« Wie in allen seinen famosesten und hinreißendsten Nummern, läßt Astaire die kompliziertesten Schritte unwahrscheinlich leicht aussehen, wie das spontane Resultat einer scharfsinnigen und schlagfertigen Fantasie und rein emotionaler Überschwenglichkeit.

Doch trotz Astaires dynamischer Ausbrüche von choreographierter Energie konzentriert sich *Holiday Inn* hauptsächlich auf den langsameren Pulsschlag von Crosbys Vibrato, und seine

Knallfrösche unterstützen ihn: Fred in ›Holiday Inn‹ (Musik, Musik!, 1942).

Popularität steigerte Crosbys Karriere viel weiter als die von Astaire. Auf jeden Fall war Astaires stolzeste Errungenschaft im Jahre 1942 weder der Erfolg von *Holiday Inn* noch *You Were Never Lovelier*, sondern vielmehr die Geburt seiner Tochter Ava.

Im folgenden Jahr kehrte Astaire zum Status des Hauptdarstellers von *The Sky's the Limit* in seinen alten Hafen bei der RKO zurück und entdeckte, daß sich die Arbeitsbedingungen seit seinem Weggang nach *Vernon and Irene Castle* drastisch verändert hatten. Als der Hauptattraktion des Studios waren Astaire einige Jahre zuvor noch reichliche Budgets, verschwenderische Dekorationen, die glänzend fotografiert wurden, eine komplette Auswahl von Originalsongs, und Ginger Rogers als Tanzpartnerin zur Verfügung gestellt worden. *The Sky's the Limit* bezeichnete die Nüchternheit und Einfachheit der Kriegszeiten und Astaires entsprechenden Niedergang und Abstieg durch seine zerschlissenen

Robert Ryan (links) schaut zu, wie Fred vor einem MP-Mann Farbe bekennen muß. Eine Szene aus ›The Sky's the Limit‹ (1943), wieder bei RKO. Edward H. Griffith, Davids Bruder, inszenierte den Film.

Freds Partnerin aus ›The Sky's the Limit‹ (1943) war Joan Leslie.

eintönigen Produktionsnummern, mageren Folios mit nur drei Liedern von Harold Arlen, und die einfallslose Wahl von Joan Leslie als seine Partnerin.

Der größte Vorzug des Filmes zu dieser Zeit war seine aktuelle Bedeutung im Hinblick auf den Krieg. Astaire porträtiert, wieder einmal in Uniform, einen heroischen »Flying Tiger« auf Urlaub, der die Zeitschriftenfotografin Joan Leslie zur Bestürzung ihres verliebten Herausgebers Robert Benchley und der Belustigung von Freds Copilot und Freund Robert Ryan, verfolgt. Obwohl die ernsthafte Miß Leslie den in Zivil gehüllten Astaire als einen Drückeberger verachtet, aus Gründen, die nur den Drehbuchautoren bekannt sind, weigert sich Astaire, sie von seinen mutigen Heldentaten als Flieger zu unterrichten. Natürlich gefährdet das ihre Romanze, bis sie schließlich unbeabsichtigt die Wahrheit erfährt und einen tränenreichen Abschied nimmt, wonach sein Flugzeug Astaire in den Südpazifik davonträgt. Ohne große Hilfe durch Regisseur Edward H. Griffith gleitet Astaire durch diese luftige Handlung mit seiner gewöhnlichen ungezwungenen Grazie.

Trotzdem schafft es nicht einmal Astaires Professionalismus, die Tatsache zu verschleiern, daß er und Joan Leslie im Temperament einfach zu verschieden sind, um die Romanze mit einer wirklichen Wärme oder Überzeugung zu erfüllen. Miß Leslie war kaum achtzehn Jahre alt, als der Film herausgebracht wurde, und skizzierte die Art von standhafter homogenisierter Niedlichkeit, von der angeblich jeder GI träumte, zu ihr nach Hause zu kommen, doch Astaire ist sogar hier kaum der durchschnittliche amerikanische Soldat, ganz egal wie sehr er es auch versucht. Obwohl sie sich eifrig bei dieser Gelegenheit um erwachsene Kultiviertheit bemüht, liefert Joan Leslies jugendliche Unreife einen unbehaglichen Gegensatz zu Astaires geschmeidiger Reife. Zusammen versuchen sie zwei Duette, einen romantischen Turn zu Arlens wunderschönem »My Shining Hour« und einen flotten Jitterbug, doch das Ergebnis ist lauwarm. Obwohl Miß Leslie eifrig und ausdauernd arbeitete, um die Schritte richtig zu bringen, fehlt ihr einfach die erforderliche weibliche Grazie, um mit Astaire den erforderlichen Magnetismus zu beschwören.

Wieder einmal mußte sich Astaire voll und ganz auf seine eigenen Kräfte verlassen, um in *The Sky's the Limit* irgendeinen Eindruck zu hinterlassen. Ausnahmsweise verwendet er hier seine biegsamen Beine als ein Ventil für Frustration und Verzweiflung, statt für die übliche Heiterkeit. Mit trübem Blick intonisiert er das brütende »One For My Baby (And One More For The Road)« und zerschmettert unzählige Gläser mit seinen Händen und Schuhen, bevor er einen Schemel auf sein eigenes Spiegelbild in einem

Nightclub-Spiegel schleudert. Die rasende Traurigkeit dieser Nummer scheint allerdings irgendwie nicht in Proportion zu dem Ereignis in der Handlung zu stehen, die sie veranlaßt und nach sich gezogen hat. Vielleicht richtete Astaire wirklich seine Wut und Enttäuschung an das ganze unbedeutende Material, das man ihm in der letzten Zeit übergeben hatte.

Zum Glück für Astaire begann am anderen Ende der Stadt bei der MGM eine aufregende Ära der Musicals, und Arthur Freed, der Mann, der dafür entscheidend verantwortlich war, hatte den großen Wunsch, daß Astaire daran teilnahm. Freed war früher einmal Songschreiber gewesen und jetzt Produzent, und seine größte Begabung lag in seinem außergewöhnlichen Instinkt bei der Talentsuche und Förderung, plus seiner Bereitschaft, mit den Künstlern, denen er vertraute, Risiken einzugehen. Praktisch jedes erinnerungswürdige Musical der MGM in den folgenden fünfzehn Jahren trug seinen Stempel. Darsteller wie Gene Kelly, Cyd Charisse und Judy Garland erreichten unter seiner Leitung ihre größten Triumphe, während die Regisseure Vincente Minnelli, Stanley Donen und Charles Walters ihre Filmkarrieren buchstäblich der Aufmunterung durch Freed verdankten. Freed bemerkte, daß sich Astaire als unabhängiger Darsteller festgefahren hatte und bot ihm einen Langzeitvertrag und eine wiederbelebte Zukunft bei der MGM. Am Ende des Jahrzehnts war dieses Angebot mehr als reichlich erfüllt.

Astaires erste Aufgabe unter dem neuen Regime war *Ziegfeld Follies* (1944 gedreht und 1946 uraufgeführt), MGMs üppiges Tribut an den geheiligten Vater der prächtigen Revue. Unter der gütigen Überwachung von William Powell auf Ziegfelds Ruhesitz in Metros rosaumwölktem Tonstudioparadies, laufen die *Follies* verschwenderisch mit Technicolorwellen und glänzenden Gastauftritten über, die aus der Dienstliste der Talente bei der MGM ausgesucht wurden. Die Ableitungen reichen von Fanny Brice bis »La Traviata«, von Lena Horne, die sich wogend über die Wechselfälle der Leidenschaft in dunstigen Gefilden ausläßt, bis Judy Garland, die eine dramatische Diva à la Greer Garson parodiert, die ihre Lebensbeichte für ein Stück Käsekuchen eintauschen möchte.

Das Ganze ist leicht schwerfällig und zeitweise mehr als nur ein bißchen dumm, doch man kann die erstaunliche Verwegenheit und Ausdrucksweise des Filmes nicht ableugnen.

Als eine Willkommensgeste an den neuesten Zugang der großen Familie bei MGM erhält Astaire vier Nummern, während alle anderen jeweils nur eine bekommen. Er reibt sich zukunftsweisend vertraulich Schulter an Schulter mit Cyd Charisse in der Eröffnungsnummer »Bring On The Beautiful Girls« und kehrt für zwei erzählende Balletts mit der hochmütig-graziösen Lucille Bremer zurück. »This Heart Of Mine« beschwört das verwunschene Gespenst von »Let's Face The Music And Dance« aus *Follow the Fleet*, mit seinem erzählerischen Faden über einen Juwelendieb, der bei einer Party eindringt, und dessen Verlangen nach Miß Bremer die Verlockung durch ihre Diamanten überwindet. Die Nummer ist in fesselnder Manier gefilmt. Statt dieses Tanzdrama geradlinig vor einer Theaterkulisse zu fotografieren (wie es in *Follow the Fleet* geschehen war), hüllt Regisseur Minnelli Astaire in einen betäubenden dreidimensionalen Wirbel aus Farben, Requisiten und mitreißenden Kamerafahrten.

Das Verfahren wird für einen Einbruch in die schwermütige Exotik des »Limehouse Blues« durch Astaire und Bremer wiederholt. Als ein vom Schicksal geschlagener chinesischer Kuli schleicht Astaire durch die vernebelte Londoner Gossendekoration, die so aussieht, als ob sie aus *The Picture of Dorian Gray* übrig geblieben sei, und träumt davon, Miß Bremer inmitten einer Halluzination von »chinesischen« Dekors zu betören, bevor er an einer verirrten Revolverkugel stirbt, die für ein Paar von Ladendieben bestimmt war. Die Dekoration, das Lied und sogar der Eindruck von Astaire, der als ein Möchtegernasiat zurechtgemacht ist, erscheint hoffnungslos geschmacklos und kitschig, trotzdem rettet Astaire die Nummer, indem er die radschlagende schwungvolle Traumsequenz mit hervorragendem Prunk darstellt und seine, für gewöhnlich lebhaften Gesichtszüge durch eine Maske stummen Verlangens ersetzt. Seine Weigerung, sich über das Material lustig zu machen, treibt etwas echt Bewegendes aus diesem steifen Konzept heraus.

Dann kam die große MGM. Lucille Bremer und Fred Astaire im Chinesenviertel. George Gershwins Musik inspirierte Vincente Minnelli zu den ›Ziegfeld Follies‹: Sie tanzen den »Limehouse Blues«. 1944 gedreht, kam der Film zwei Jahre später in die Kinos.

Weniger bestürzend, aber von größerer Bedeutung für die Nachwelt, ist sein erstes und bis vor wenigen Jahren einziges Zusammentreffen auf der Leinwand mit dem konkurrierenden Tanzstar Gene Kelly für »The Babitt and the Bromide«, einer Nummer, die Astaire und seine Schwester eine Generation früher erfolgreich in *Funny Face* vorgestellt hatten. Diese Vignette hätte wirklich fesselnd ausfallen können, wenn man beschlossen hätte, die choreographischen Gegensätze zwischen Kelly und Astaire aufzuzeigen, und Kellys kraftvolle Akrobatik Astaires schwereloser Beweglichkeit gegenüberzustellen. Statt dessen vermischen sie ihre Stilrichtungen für ein Fest voller Slapstick-Frivolität und leichtbeschwingter Stepeinheit, die nichtsdestoweniger fesselnd und interessant ist. (Kelly und Astaire trafen sich 1976 auf der Tanzfläche wieder, um im zweiten Teil von *That's Entertainment!* die getanzten und gesungenen Überleitungen von einem Filmausschnitt zum nächsten gemeinsam zu gestalten.)

Bevor Minnelli nach Hollywood zog, hatten seine wirkungsvollen Neuerungen bei szenischen Schattierungen und Strukturen den Broadway überrascht und aufgescheucht. Astaires Auftritt in seinem ersten Farbfilm *Ziegfeld Follies* gab Minnelli die Möglichkeit, sich auf seiner Farbpalette mit grellem Effekt auszutoben, obwohl Minnellis Besessenheit vom Dekor gelegentlich das Material überwältigte, das es eigentlich illustrieren sollte. Minnelli erhielt die Aufgabe, Astaires *Yolanda and the Thief* zu inszenieren, und überschritt mutig die Grenzen zu reinen Trugbildern in Technicolor, zur verwirrten Bewunderung einer wissenden Clique und der Verblüffung des Massenpublikums.

Yolanda and The Thief (Yolanda und der Dieb, 1945) hat außer bemerkenswerter Dreistigkeit nichts zu bieten. Im Gegensatz zu den meisten Musicals gibt der Film nicht vor, auch nur eine minimale Verbindung zu der realen Welt zu besitzen – seine stilisierten Figuren bewohnen ein lebhaft gefärbtes Phantasieland,

Zwei Herren auf gleicher Ebene: Fred und Gene Kelly in Vincente Minnellis ›Ziegfeld Follies‹ (1944). Grund des Tanzes: »The Babbitt and the Bromide«.

um eine absolut wunderliche Geschichte zu erzählen. Trotz aller Neuheit seiner Sehnsüchte versagt *Yolanda* traurigerweise in der Ausführung. Die unglaubliche Handlung über einen amerikanischen Dieb, der versucht, eine im Kloster aufgewachsene lateinamerikanische Erbin um ihre Millionen zu betrügen, indem er als ihr Schutzengel auftritt, hat einen durchtriebenen, anwidernden Beigeschmack. Yolandas irregeführte Leichtgläubigkeit hätte in jeder Lage geschmacklos gewirkt, doch mit der Besetzung von Lucille Bremer in dieser Rolle wurde ein entscheidender Fehler begangen. Vielleicht hätte eine sehnsuchtsvolle Schauspielerin wie die Leslie Caron der fünfziger Jahre den unerschütterlichen Glauben in Yolandas gute Fee überzeugend darstellen können, doch die eiskalte Miß Bremer ist dazu viel zu weltlich und erwachsen. Außerdem ist Astaires hartherziger Erpresser ein ausgesprochen

Vincente Minnelli inszenierte auch Freds nächsten Film für MGM. Lucille Bremer und Fred in ›Yolanda and the Thief‹ (1945). Die Musik war wieder von Harry Warren.

›Yolanda and the Thief‹ (1945): Fred Astaire und Lucille Bremer. Jane Green steht in der Mitte.

unerfreulicher Charakter, der das schlichte Mädchen gönnerhaft beschwatzt und gleichzeitig Vorteile aus ihrer Unschuld und religiösen Andacht zieht.

Das schlimmste an dieser aufgesetzten musikalischen Phantasie ist jedoch die besonders geizige und magere Ausstattung mit Gesangs- und Tanznummern. Astaires ehrgeizigster Auftritt ist ein modisches, surreales Traumballett, das wahrscheinlich den Konflikt zwischen Lucille und der Habsucht symbolisieren soll. Es beginnt vielversprechend, als Astaire von der überspitzten Unwirklichkeit des Dorfplatzes des Filmes in die starre, abstrakte Landschaft seiner verwirrten Psyche wandert. Doch die Nummer bricht schließlich unter dem Gewicht ihrer anmaßenden Bildersprache und manierierten Choreographie zusammen. »Coffee Time«, sein Duett mit Miß Bremer, ist unendlich einnehmender.

Bezeichnenderweise beinhaltet es überhaupt keine Handlung, sondern nur die reine Freude an der Bewegung und Musik. Die Nummer ist ein mexikanisch angehauchter Jitterbug, der zum Mitklatschen reizt, und erlangt den spontanen Elan wieder, den Fred einstmals in solchen Produktionsnummern wie dem »Continental« mit Ginger Rogers ausstrahlte. Sie wird außerdem von Minnellis grellem Farbschema aus Weiß, Gelb und Braun verstärkt.

Yolandas verbrecherischer Verfolger ist die wohl anstößigste Rolle, die Astaire jemals in Angriff genommen hat. In einer überzeugenden Imitation der unterweltlerischen Widerlichkeit bezwingt Astaire seine übliche Überschwenglichkeit, senkt seine Stimme auf eine liederliche Monotonie und beschränkt zynisch seinen Charme auf die Momente, in denen er versucht, der einfältigen Lucille mal wieder etwas weiszumachen. Obwohl die Kombination hier ein bißchen zu scharf geraten war, lieferte Yolandas Dieb die grobe Struktur für eine Figur, zu der Astaire in den folgenden Jahren oftmals zurückkehrte – den leicht starrköpfigen Skeptiker, der sich in seine einsame Welt zurückgezogen hat, bis ihn eine geistreiche Heldin aus seiner Introvertiertheit herauslockt. Der Reinfall von *Yolanda* entmutigte Astaire und vernichtete Lucille Bremers Hoffnungen auf den Starruhm, doch seine Treibhaus-Überladenheit diente einem wichtigen Ziel: Minnelli und Astaire sonderten die Exzesse des Filmes aus und behielten einen Anteil seines neuerschaffenen Geistes für ihre jeweiligen späteren Projekte bei.

In der Zwischenzeit, während man immer noch auf das Uraufführungsdatum von *Ziegfeld Follies* wartete, sah sich Astaire den Konsequenzen aus seinem zweiten aufeinanderfolgenden Fehlschlag in seiner Karriere gegenüber. Astaire war fest entschlossen, in einem Hit aufzutreten und machte den logischen aber unglücklichen Schritt zurück zur Paramount für eine weitere Runde mit Crosby. Astaire erreichte, was er scheinbar wollte – *Blue Skies* (1946) wurde der finanziell erfolgreichste Film seiner Karriere –, doch man fragt sich, ob der Preis, den er dafür zahlen mußte, die Anstrengung lohnte. Während Crosby Astaire in *Holiday Inn*

Fred wieder einmal mit Bing Crosby: Bewährtes bewährt sich erneut in ›Blue Skies‹ (1946).

überschattet hatte, überwältigt er ihn in *Blue Skies* völlig. Und sogar Hauptdarstellerin Joan Caulfield ist in diesem Film länger und ausgiebiger als Astaire auf der Leinwand zu bewundern. Astaire ist zu der undankbaren Rolle des Ansagers und harmlosen Freundes von Crosby verdammt, sehnt sich hoffnungslos nach Miß Caulfield, und verschwindet zeitweise für längere Sequenzen vollkommen von der Leinwand, während sich Bing ausgiebig mit der Liebesgeschichte und dem Löwenanteil der Lieder beschäftigt.

Astaire entbehrt nicht nur eine eigene Tanzpartnerin, sondern erhält von den Kräften hinter *Blue Skies* kaum eine Möglichkeit, überhaupt zu tanzen. Wenn er es trotzdem wagt, kehrt der Film Astaire einfach gefühllos von der Leinwand, indem er ihn inmitten einer Nummer von der Tanzfläche stolpern läßt, dank dem Alko-

Die Dame an Freds rechtem Arm ist Olga San Juan. Eine Szene mit Fred aus dem Film ›Blue Skies‹ (1946).

hol und der unerwiderten Liebe. Diese Verschwendung seines Talentes wäre noch eher entschuldbar gewesen, wäre der Rest von *Blue Skies* wenigstens so anspruchslos und zerstreuend wie sein Vorläufer mit Crosby und der Musik von Irving Berlin gewesen. *Blue Skies* wanderte jedoch, unter der anspruchslosen Regie von Stuart Heisler (der in letzter Minute für Mark Sandrich* einsprang,

---

* Mark Sandrich (1900–1945).

als dieser plötzlich kurz vor Produktionsbeginn starb), langwierig und ausgiebig durch eine schwerfällig dargebotene Ansammlung von Standardliedern aus der Feder Irving Berlins, die mit einer lästigen Mißheirat zwischen der hausbackenen Caulfield und Crosby zusammengeschweißt ist, der einen kratzbürstigen Sänger spielt und wie Kleenex durch die Nightclubs wischt. Crosbys patentierte Nachlässigkeit versinkt unter diesen Umständen in eine ermattete Lethargie, während Miß Caulfield als das Mädchen, das Crosby und Astaire gleichermaßen berauschend finden, die Anziehungskraft einer Dosenfutterreklame ausstrahlt.

Neben einem munteren Varietéstück mit Crosby ist Astaires einziger glorreicher Moment in *Blue Skies* »Puttin' On The Ritz«, die bewußte Apotheose seines unverwechselbaren Stils. Wieder einmal im Frack baut er die Nummer langsam zu einer atemberaubenden Zurschaustellung von Grazie und Tempo auf, während er seinen Spazierstock vehement in krachender Synkopierung zu seinen Stepmotiven aufschlägt. Diese virtuose Vorstellung wird leicht surreal, als er einen Vorhang teilt und eine verspiegelte Tür öffnet, um zehn Miniaturausgaben von Astaire im Hintergrund zu entdecken, die als Kontrapunkt zu dem triumphierenden Derwisch im Vordergrund über die Bühne wirbeln. Diese Nummer ist eine brillante Zusammenfassung seiner glänzenden Technik und einmaligen Eleganz, und war von Astaire als eine Art Abschiedsvorstellung gedacht. Er verkündete 1946 seinen festen Entschluß, von der Leinwand zurückzutreten.

Astaire hatte immer schon angedroht aufzuhören, sobald seine Arbeit anfing, abgedroschen zu wirken. Doch tatsächlich war es passiert, daß seine Tapferkeit zwar ungebrochen war, sein Stil jedoch in den vierziger Jahren nicht mehr zu der zeitgenössischen Stimmung paßte. Die Bewunderung, die zehn Jahre zuvor seine Arbeit begrüßt hatte, schlug nun Gene Kelly entgegen. Astaire hätte als zweiter Hauptdarsteller, beständig an der Seite von Leuten wie Bing Crosby, weiterarbeiten können, doch solche Aussichten waren kaum appetitanregend. So entschloß sich Astaire mit typischem Taktgefühl, mit einer höflichen Verbeugung abzutreten.

That's Entertainment!

Während der zwei Jahre seiner selbstauferlegten Abwesenheit von der Leinwand war Astaire alles andere als untätig. Neben der Eröffnung der ersten Schule in einer landesweiten Kette von Fred-Astaire-Tanzstudios, hatte er nun endlich die Zeit, um sich seinem zeitraubenden Interesse an der Rennpferdezucht zu widmen. Doch es erwies sich für Astaire schwerer, die Gewohnheiten von vierzig Jahren im Rampenlicht abzulegen, als er gedacht hatte. Gerade als er anfing, einen geziemenden Weg zu suchen, um seine Bereitwilligkeit, zur Arbeit zurückzukehren, bekanntzugeben, stahl das Schicksal eine Seite aus dem ehrwürdigsten aller klischeehaften Filmmusicaldrehbücher. Gene Kelly hatte sich gerade bei den Proben zu *Easter Parade* den Knöchel gebrochen, und die MGM suchte verzweifelt nach einem Ersatz, der mit Judy Garland singen und tanzen konnte. Dieser Ersatz war schließlich Fred Astaire, und die aus dem Stegreif entstandene *Easter Parade* (1948) stellt sich als der hinreißendste Film Astaires seit *Swing Time* heraus.

Easter Parade ist ein weiterer nostalgischer Spaziergang durch Irving Berlins üppigen Garten der Verse und weist eine oberflächliche Ähnlichkeit zu *Blue Skies* auf – doch was die richtige Kombination aus Talent und Intelligenz für einen Unterschied ausmacht! Im Gegensatz zu seinem Äquivalent bei der Paramount ist *Easter Parade* ein Film von vollendeter Kunstfertigkeit, glänzend besetzt und geschickt zugeschnitten, um die Gaben seiner Darsteller voll und ganz nutzen zu können. Nach so vielen frustrierenden schlechten Starts in den vierziger Jahren, stellt *Easter Parade* schließlich Astaires Vielseitigkeit uneingeschränkt zur Schau. Allein gelassen läuft er inmitten einer Ansammlung von Trommeln in einem Spielwarenladen Amok, oder wirbelt in Zeitlupe geschmeidig zu »Steppin' Out With My Baby« herum. Mit der schmerzlich schicken Ann Miller dreht er sich mit erhabener Eleganz und erinnert sie daran, daß »It Only Happens When I

Irving Berlins Musik und die Zusammenführung mit Judy Garland – eine Paarung, der Hollywood nicht aus dem Wege gehen konnte. Eine Szene aus ›Easter Parade‹ (1948).

Dance With You«. Doch er wechselt schnell seine Tonlage zu einem geschwinderen Tempo, wenn er gegen Garlands dynamische Kraft antritt, legt seine aristokratische Miene für das fröhlich-kitschige »When the Midnight Choochoo Leaves For Alabam« ab, bevor er sie wieder aufsetzt, um mit der ansteckend-grotesken Judy »A Couple Of Swells« aufzuführen, komplett mit graziös gestreckten Fingern und verunstaltenden Zahnlücken. Während keine dieser Nummern eigenständig einen Höhepunkt für Astaire lieferte, ist der Effekt solcher konsequenter Brillanz bedeutend zufriedenstellender als die isolierten großen Augenblicke von *Broadway Melody* und ähnlichen Filmen.

Das Drehbuch von Frances Goodrich, Albert Hackett und Sidney Sheldon paßt Astaire so angegossen, daß es unmöglich erscheint, daß es nicht von Anfang an mit der Blickrichtung auf ihn geschrieben worden war. Es gibt einen Hauch von bereits Dagewesenem, wenn Astaire, der einen Vaudeville-Tänzer aus der Taft-Ära spielt, von seiner hochmütig empörten Partnerin Ann Miller

Fred Astaire, Peter Lawford und Judy Garland in Charles Walters ›Easter Parade‹ (1948). Die Musik zu diesem Film schrieb Irving Berlin.

dahingehend informiert wird, daß »es für mich in meinem Dasein als einfache Ballsaaltänzerin keine Zukunft gibt«, und daß sie beabsichtige, ihn zu verlassen. An diesem Punkt geht die Handlung von Biographie zu Fiktion über, als Astaire aufs Geratewohl Judy Garland aus einem Kneipenchor herauspickt und kurzsichtig entschlossen ist, sie zu einer haargenauen Kopie von La Miller umzuwandeln. Als Garland dem begeisterten Astaire ihre eigenen verblüffenden Talente offenbart, tauscht er seinen Tanzfrack gegen Landstreicherlumpen, und sie steigen kometenhaft vom Vaudeville zum Broadway auf, während Miller vor Groll erzittert.

Die Grundzüge dieser Kulissengeschichte scheinen ziemlich gewöhnlich, doch unter Charles Walters zurückhaltender aber eleganter Regie, schmückt *Easter Parade* sie mit ungewöhnlicher

Schärfe. Trotz seiner ganzen prunkvollen Produktionsnummern vermittelt der Film ein ergreifend vertrauliches Gefühl. Astaires Figur weist einen größeren Ernst als gewöhnlich auf, der seine Überzeugung aus Astaires eigenen Gefühlen erhält und ihnen entspricht. In *Easter Parade* spielt er einen Künstler, der so in seine Arbeit vertieft ist, daß er Emotionen gegenüber unzugänglich ist – sein unermüdlicher Berufseifer läßt ihn abstumpfen, als er sich mit Garland als Frau, und nicht als Mittänzer, beschäftigen muß. »Du bist nichts weiter als ein Paar Stepschuhe«, kreischt die gepeinigte Garland frustriert, und sie hat recht – bis ihre Offenheit ihn dazu treibt, mehr seinen Gefühlen als seinen Reflexen zu vertrauen. Astaire war nun fast fünfzig Jahre alt und hatte noch nie zu den besonders sensiblen Schauspielern gezählt. Doch als ein Mann, den man förmlich zur Liebe überreden muß, ist Astaire durchaus

Zwei »piekfeine« Typen. Judy Garland und Fred Astaire in ›Easter Parade‹ (1948), und zwar in der Sequenz »A Couple of Swells«.

überzeugend, und er überbrückt den Übergang zwischen Gleichgültigkeit und Empfindlichkeit mit Sicherheit und Selbstvertrauen.

Doch es ist tatsächlich Judy Garland, die talentierteste Partnerin, die er jemals hatte, die den Zündfunken liefert, der ihr Verhältnis so überzeugend macht. Ihre labile Gesundheit verursachte zahllose Verspätungen in der Produktion, und die Anstrengung zeigt sich in ihrer Erscheinung, die von Szene zu Szene sichtbar schwankt. Doch abgesehen von *A Star Is Born* (Ein neuer Stern am Himmel, 1954) ist dies wahrscheinlich Judy Garlands variantenreichste und bewegendste Vorstellung. Indem sie eine Heldin spielt, die sich zeitweise ihres Talentes nicht sicher ist und in der Liebe ignoriert wird, findet die Garland hier ein perfektes Vehikel, um ihre heimsuchende Intensität abzuleiten, plus reichliche Gelegenheit, um ihre blendende komische Gabe zu entfalten. Bei *Easter Parade* scheinen Astaire und sie sich grenzenlos an ihren Talenten zu erfreuen, und ihr Auftritt auf der Leinwand verbreitet eine Frische, die Astaire seit den Tagen vermissen ließ, als sich Ginger für den Oscar anstatt einer Zugabe entschied.

Easter Parade führte Astaire über Nacht wieder als erste Kraft im Filmmusical ein, und schuf eine Triebkraft, die ihn für fast eine Dekade stärken sollte. Die Metro war begierig, aus diesem Triumph Kapital zu schlagen und heckte eigens *The Barkleys of Broadway* aus, um Astaire und Garland erneut zu vereinen. Jedoch in letzter Minute zwangen physische Erschöpfung und ihre immer trüber werdende emotionale Niedergeschlagenheit die Garland dazu, sich von dem Projekt zurückzuziehen. An diesem Punkt warf jemand einen zweiten Blick in'das Drehbuch und erkannte, daß es die ideale Möglichkeit für ein Ereignis bot, nach dem sich Astaire-Fans seit 1939 sentimental sehnten – einer Wiedervereinigung mit Ginger.

Für jene Leute, deren Begeisterung für die Astaire-Rogers-Alchemie an Vergötterung grenzt, trotzt *The Barkleys of Broadway* (Tänzer vom Broadway, 1949) jeglicher objektiver Kritik. Zehn Jahre hatten Astaires Überschwenglichkeit gemildert und offensichtlich Gingers Gelenke versteift, doch ihre Wechselwirkung beschwört immer noch viel mehr von ihrem einmaligen

Charles Walters inszenierte auch Freds nächsten Film für MGM. Ein Traumpaar, Fred Astaire und Ginger Rogers, fand wieder zueinander. Szene aus ›The Barkleys of Broadway‹ (Tänzer vom Broadway, 1949).

Charme, als irgend jemand hätte logischerweise rechtmäßig erwarten können. *Barkleys* entspricht niemals ganz der Legende, die jedes Bild des Films umschließt, doch wie man die Schwächen von lieben alten Bekannten ignoriert, übersieht man aus Dankbarkeit für das, was er immer noch bewahrt, gerne die Fehler des Filmes. Die Mißgriffe sind eindeutig: Die Musik von Ira Gershwin und Harry Warren kann den nachhaltigen Erinnerungen an Kern, George Gershwin und Berlin nicht standhalten, und viele der Nummern mißbrauchen sorglos die Gaben von Astaire und Rogers. Man kleidet sie wunderlich in Kilts für das mutwillig keltische »My One And Only Highland Fling«, oder versteckt sie in dem schwunglosen »Manhattan Downbeat« hinter einem Vorhang aus schnell steppenden Choristen.

Der Film weckt besonders herausfordernd die Geister der Erinnerung, wenn sich Astaire und Rogers verspätet zu dem Tanzduett »They Can't Take That Away From Me« vereinen, das ihnen in *Shall We Dance* unbarmherzig verweigert worden war. Da man die Szene durch einen Schleier aus sehnsüchtiger Nostalgie betrachtet, erkennt man erst später, wie enttäuschend der Augenblick ist. In ihrem verzweifelten Versuch, den jugendlichen Zauber des Teams wieder einzufangen, erhält die Nummer einen fassungslos altertümlichen Anstrich. Astaire und Rogers erinnern sich immer noch an die Schritte, aber sie scheinen die Motivation für sie nicht mehr wachrufen zu können. Ihr ausgelassener, trommelnder Stepdurchlauf (in welchem Miß Rogers auch viel schmeichelhafter gekleidet und fotografiert ist) ist viel eindrucksvoller, da er viel weniger versucht – hier versuchen Astaire und Rogers einfach nach ihren eigenen gegenwärtigen Gesetzen zu unterhalten, statt sich gegen die unüberwindliche Erinnerung an ihr früheres Selbst zu stellen.

Während die musikalischen Nummern den Geist der einstmaligen Leinwandarbeit von Astaire und Rogers beschwören, wertet das Drehbuch von Betty Comden und Adolph Green geflissentlich die Ansichten des Publikums über das angeblich ungestüme Verhältnis aus, das Astaire und Rogers hinter den Kulissen gepflegt haben sollen. Auf der Bühne tragen Josh und Dinah Barkley ihre Kronen als die tanzenden Könige vom Broadway mit gelassener Leichtigkeit zur Schau, doch hinter der Bühne sträubt sich Dinah gegen die Behauptung, er sei der musikalische Pygmalion und sie nur seine blind gehorsame Schülerin. Die aufgebrachte Dinah beschließt, ihre schauspielerische Begabung allein in den hehreren Sphären des Dramas zu beweisen, während Josh über ihr Trachten spottet und versucht, sie mit dem Lied »You'd Be Hard To Replace« zu besänftigen. Betty Comden und Adolph Green gestatten Dinah widerwillig, ihren Standpunkt und Mut unter

Die Verbeugung nach dem Tanz: Josh (Fred Astaire) und Dinah (Ginger Rogers) in ›The Barkleys of Broadway‹ (Tänzer vom Broadway, 1949).

Beweis zu stellen, indem sie Sarah Bernhardt darstellt, die den gallischen »Ruf zu den Waffen« in Französisch rezitiert, doch die unglückliche Rogers macht mit ihrem gutturalen Knurren aus der »Marseillaise« Mayonnaise. Während Rogers vermutlich unter dem atemlosen Beifall des ganzen Broadways die Gemüter bewegt, greift Astaire mit »Shoes With Wings On« in seinen bodenlosen Koffer der Filmmagie. Als Verkäufer in einem Schuhgeschäft wird er von unzähligen Schuhpaaren »übermannt«, die in alle Richtungen wie toll steppen und galoppieren.

Abgesehen von Gingers theatralischen Mißgeschicken erreichen sie und Astaire paradoxerweise ihre ursprüngliche Weißglut am ehesten im Boudoir und in der Garderobe, statt beim Tanzen auf der Hauptbühne. Trotz der dazwischenliegenden zehn Jahre haben Astaire und Rogers, nach neun gemeinsamen Filmen, ein natürliches Verständnis für die Sprachrhythmen und Manierismen des anderen. Unter dem sicheren Beistand von Regisseur Charles Walters werden sie zu einem Filmehepaar, das wirklich verheiratet aussieht. Die befangene Art, mit der Astaire oftmals seinen Text in Angriff nahm, ist hier verschwunden, und Fred und Ginger verbinden und unterbrechen sich gegenseitig mit einer nahtlosen Vertraulichkeit, die herzerfrischend zu beobachten ist.

Barkleys wurde allerorts erfreut aufgenommen, doch für Astaire war die Würdigung, die er im selben Jahr von seinen Kollegen in der Filmindustrie erhielt, möglicherweise sogar noch befriedigender. In Anerkennung seiner fünfzehnjährigen Vorherrschaft im Filmmusical erhielt Astaire 1949 einen speziellen Ehren-Oscar.

Astaire schloß sich als nächstes zum ersten und einzigen Mal bei der MGM an einen anderen Produzenten als Arthur Freed an, um neben Red Skelton in *Three Little Words* (Drei kleine Worte, 1950) aufzutreten. Allgemein gesagt, richteten sich Produzent Jack Cummings' Anstrengungen nach einem eher prosaischeren Normalmaß als Freeds', und *Three Little Words* erwies sich als keine Ausnahme. Dieser Film ist zwar bis zum kleinsten Detail hinreichend kompetent, wird aber unter Richard Thorpes anonymer Regie schließlich weniger denkwürdig als ein ungleicher aber neuartiger Fehlschlag wie *Yolanda and the Thief*. *Three Little*

Was diese ›Three Little Words‹ (Drei kleine Worte, 1950) wohl zu bedeuten haben, steht zweifelsfrei fest. Vera-Ellen und Fred Astaire tanzen sich durch diesen Film der MGM.

Words ist im Grund genommen ein weiteres harmloses Beispiel einer besonders langweiligen Unterabteilung eines Filmgenres – der Komponisten-Biographie. Der Film folgt der Tradition der Mischung aus größtenteils fiktiven Ereignissen und einem Liederbuch des fraglichen Komponisten, und erzählt die Geschichte von Bert Kalmar (Astaire), einem Vaudevillekünstler, der nach Abbruch seiner Karriere durch eine Beinverletzung zum Liederschreiber wird, und Komponist Harry Ruby (Skelton), deren jeweilige Nebenbeschäftigung mit Magie und Baseball endlose Spannungen in ihrer Zusammenarbeit hervorrufen. Diese unzusammenhängende Handlung wird gelegentlich von einer Fülle von schnell inszenierten Produktionsnummern unterbrochen, die sich auf ihre Lieder beziehen. Doch so klingende Melodien wie »So Long Oolong«, »I Love You So Much« und das Titellied geben sich nicht so bereitwillig für eine so umfassende Bearbeitung her, wie es die kultivierten Arbeiten von Gershwin, Porter und Rogers und Hart zugelassen hatten.

Glücklicherweise enthält der Film auch eine Unzahl von überzeugenden Darstellungen, die es schaffen, *Three Little Words* etwas aus dem gewöhnlichen Maß hervorzuheben. Wahrscheinlich aus Rücksicht auf eine Art von historischer Genauigkeit unterdrückt Skelton bemerkenswert seine übliche schlaksige Verrücktheit, und sein Auftritt neben Astaire ist bedeutend weniger unangenehm, als man vielleicht erwartet hatte. Und als die gewöhnlich ungemein kluge, unaufhörlich schlichtende, biographische Gattin steuert Vera-Ellen eine sehr einnehmende Darstellung bei, und erweist sich als besonders erfahrene Tanzpartnerin für Astaire. Sie steppen gemeinsam unisono, in Frack und Zylinder gekleidet, in der Eröffnungsnummer »Where Did You Get That Girl?« und gleiten schwerelos zu Kalmars und Rubys »Thinking Of You« über die Tanzfläche. Doch das ausgelassene Lied »Mr. and Mrs. Hoofer at Home« ist ein besonderer Genuß. Hier stellen sie ein stepverrücktes Paar dar, das im Jivetempo ißt, redet, zankt und liebt, über Möbel klettert und durch Wände bricht, während Fred schwindelerregend um die hemmungslosen Handsprünge seiner geschmeidigen Partnerin herumwirbelt.

Als der ziemlich ernste und eigensinnige Kalmar liefert Astaire eine nachdenkliche und menschliche Darstellung ab, und mäßigt die Zermürbtheit seiner Figur mit einer etwas bodenständigeren, familiären Version seines patentierten Charmes. Es ist eine vollendet professionelle Figur in einem lustigen aber konventionellen Film. Obwohl sich *Three Little Words* als einer von Astaires einträglichsten Filmen bei der MGM herausstellte, hinterließen praktisch alle anderen Vehikel, die er in diesem Studio machte, rückblickend einen unauslöschlicheren Eindruck.

Doch sogar *Three Little Words* pulsiert vor neuartigen Dingen, wenn man ihn mit dem leicht zu vergessenden *Let's Dance*

Was machen zwei Tänzer zu Hause? Sie tanzen »Mr. and Mrs. Hoofer At Home«. Vera-Ellen und Fred Astaire in ›Three Little Words‹ (Drei kleine Worte, 1950).

vergleicht, Astaires zweitem Film im Jahre 1950. Warum Astaire jemals mit dieser Ausleihe an Paramount einverstanden war, bleibt ein verwirrendes Geheimnis. Zweimal zuvor hatte das Studio ihn geborgt, hauptsächlich um als liebenswerte Zugabe für einen seiner hauseigenen Stars zu fungieren. Mit *Let's Dance* blieb dieses Grundmuster eintönig ungebrochen, da die ungestüme Betty Hutton Bing Crosby dieses Mal im Licht des Hauptscheinwerfers verdrängte.

Was *Let's Dance* von einer Mittelmäßigkeit wie *Blue Skies* unterscheidet, liegt in der Tatsache, daß dieser Film nicht einmal ein passendes Vehikel für Paramounts eigene Attraktion abgab, und schon gar nicht für Astaire. In dieser ziemlich tränenreichen Geschichte spielt Miß Hutton eine Kriegerwitwe, die in einem Nachtclub singt, tanzt, Zigaretten verkauft und gleichzeitig darum kämpft, ihren fünfjährigen Sohn nicht in die fleckigen Krallen ihrer gebieterischen Schwiegergroßmutter fallen zu lassen. Sogar wenn der Film von einem etwas besseren Regisseur als Norman Z.

Gregory Moffett (das ist der Kleine auf Betty Huttons Arm) und Fred Astaire in ›Let's Dance‹ (1950).

Auch Betty (Hutton) konnte tanzen. Eine Szene aus ›Let's Dance‹ (1950): »Oh, Them Dudes«.

McLeod inszeniert worden wäre, hätte die zähe Mütterlichkeit, hervorgerufen durch das Drehbuch, von Natur aus nicht unvereinbarer mit den Fähigkeiten von Miß Hutton sein können, deren Stärke eindeutig in rauher Egozentrik liegt. Obwohl Allan Scott an dem Drehbuch mitgearbeitet hat, der bei mehr Astaire-Filmen als jeder andere Autor mitgewirkt hatte, ist Astaire hier kaum glücklicher besetzt. Er hat als alte Flamme von Betty praktisch überhaupt nichts zu tun und versucht, ihr aus ihrer mißlichen Lage zu helfen, während er gleichzeitig ihre Zuneigung wiedererlangt. Die meiste Zeit des Filmes nimmt er die Paramount beim Wort, ermuntert die Hutton herzlich aus dem Hintergrund, während die Kamera in Großaufnahme auf die Heldin ausgerichtet ist, die ihr Gesicht grausam zu Anfällen von mütterlicher Liebe und Besorgnis verzieht.

Astaire erhielt auch kaum Entschädigung für dieses traurige Drehbuch durch Frank Loessers überraschend fade Musik, doch *Let's Dance* enthält trotzdem zwei musikalische Momente, die die Langeweile vertreiben. Klaviere brachten schon immer in Astaire den synkopierten Wicht zum Vorschein, und in einer geistreichen Probennummer springt er in, um und auf einen schimmernden Stutzflügel und ein abgenutztes Pianino, pausiert abwechselnd für ein paar locker improvisierte Fingerübungen an der Klaviatur. Er und Betty Hutton erzeugen kurz ein Maß von Leinwandharmonie in »Oh, Them Dudes«, eine weitere der komischen Neuerungen, in der sich Astaire seltsam in unbeschreiblicher Kleidung aufführt, eine Standardnummer in seinem Programm, seitdem »A Couple of Swells« in *Easter Parade* so gut ankam. Hier spielt das Paar zwei schmutzige, krummbeinige Kerls, die in einem modernen Saloon herumballern, sich gegenseitig mit viel Schwung und komischem Prunk beschleichen. Trotzdem hätte Astaire bei dieser Nummer wirklich aussetzen sollen.

Viel bessere Aussichten erwarteten Astaire, als er für *Royal Wedding* (Königliche Hochzeit, 1951) in sein Heimatstudio zurückkehrte. Vor dem Hintergrund der Aufregung, die ein paar Jahre zuvor die Hochzeit von Elizabeth II. mit Prinz Philip umgeben hatte, ist *Royal Wedding* wie *Barkleys* in Wirklichkeit ein geschickt aufpoliertes autobiographisches Essay, das schüchtern als musikalische Fiktion getarnt ist. Wie ein gewisses bekanntes musikalisches Team aus der Vergangenheit, sind Tom und Ellen Bowen die bevorzugte Bruder-und-Schwester-Nummer am Broadway, bevor sie den Ozean überqueren, um London im allgemeinen und einen jungen angelsächsischen Adligen (Peter Lawford) im besonderen zu bezaubern. Verächtlich gegenüber gefühlsmäßigen Verwicklungen, ist Astaire der disziplinierte Aufseher in dem

Fred überwindet die Gesetze der Schwerkraft, nein, für ihn haben sie keinerlei Gültigkeit: ›Royal Wedding‹ (Königliche Hochzeit, 1951).

Duo, während Schwester Jane Powell ihre Ausgelassenheit auf der Bühne und ihre Schwärme von Bewunderern (vor Lawford) mit derselben leichtfertigen Ungezwungenheit betrachtet. Astaire geht von den Tatsachen zu Gunsten der Logik in musikalischen Komödien ab und läßt seine Gefühlsschranken für eine Liebelei mit der würdevollen Sarah Churchill fallen. Da aber Miß Churchill keine Moira Shearer ist (die man ursprünglich für diese Rolle haben wollte) und Peter Lawford sein unmusikalisches Gehör bereits in *Easter Parade* unter Beweis gestellt hatte, dreht sich der

165

Großteil des Filmes um die musikalische Nebenhandlung zwischen Bruder und Schwester.

Obwohl Astaire und Jane Powell genetisch und chronologisch überhaupt nicht zusammenpassen, geben sie doch ein merkwürdig einnehmendes Paar ab. Jane Powell wurde erst neben Astaire eingesetzt, nachdem die Darstellerin der ersten Wahl, June Allyson, schwanger wurde, und die als zweite ausgesuchte Judy Garland einen weiteren Zusammenbruch erlitt. Miß Powell legt viel von der spröden Munterkeit ab, die sie neben Männern wie Ricardo Montalban entwickelt, und neckt ihren gereiften älteren Bruder Astaire gewinnend. Außerdem kann sie ihm bei jedem Schritt ihrer gemeinsamen Tanznummern das Wasser reichen. Basierend auf einem tatsächlichen Zwischenfall, der sich bei der Überfahrt der Astaires in den zwanziger Jahren ereignet hatte, unterhalten Astaire und Jane Powell ihre Mitpassagiere mit einer sommerlichen Tanzsaalnummer, die zu einer ausgelassenen Slapstickroutine entartet, als ein plötzlicher Sturm das Schiff zu einer Wellenschaukel werden läßt. Unter weniger turbulenten Umständen spielen sie aufrührerisch gegen ihren Rollentyp an. Für das wortreiche »How Could You Believe Me When I Said I Love You When You Know I've Been A Liar All My Life« werden sie zu einem fadenscheinigen Burschen aus Brooklyn und seiner anhänglichen Puppe – strapazieren die Dielenbretter mit todernster, pöbelhafter Finesse, bis Miß Powell Astaire mit einem Kinnhaken zu Boden streckt und den Protestierenden von der Bühne schleift.

Im Alter von zweiundfünfzig, das er auch auf der Leinwand nicht verheimlichen konnte, ist der Astaire von *Royal Wedding* nicht länger der sorglose Romantiker des vorhergehenden Jahrzehnts. Bis zu seinem nicht besonders unwiderstehlichen Zusammentreffen mit Miß Churchill leitet der introvertierte Astaire seine ganze Energie in seine Arbeit, während seine extrovertiertere Schwester für sie beide zusammen ein genügend aktives Gesellschaftsleben führt. Für Astaire ist es eine ausgesprochen passende Rolle, was auch keineswegs verwundert, wenn man bedenkt, daß sie eine bekannte Abwandlung von Freds eigener Geschichte darstellt. Doch einer der größten Vorzüge von *Royal Wedding* war es, daß er

Astaire die Gelegenheit gab, zu beweisen, daß das Alter weder seine Agilität noch seinen choreographischen Ideenreichtum behinderte. Von Liebe und der Taschenspielerkunst von Metros Spezialeffektabteilung getrieben, wirbelt Astaire in einem Bogen von 360 Grad über die Wände und Decke seines Zimmers, als der schwindelerregende Beweis dafür, daß die Gesetze der Schwerkraft und Physik ihn nicht einschränken können, sobald sich sein Körper und sein Geist unbezähmbar vereinigen. Astaires anderes Solo ist viel weniger aufsehenerregend, aber genauso einnehmend – er manövriert geschickt einen hölzernen Kleiderständer in ein munteres Duett. Die vergangenen Jahre hatten seine schon immer

Fred hatte seinen Hut in Haiti vergessen. Jane Powell und Fred Astaire in ›Royal Wedding‹ (Königliche Hochzeit, 1951).

erstaunliche Bandbreite als Tänzer noch erweitert, und seine Arbeit in *Royal Wedding* und den meisten seiner nachfolgenden Musicals in den fünfziger Jahren bewies mühelos die gleichbleibende Qualität seiner legendären Fußarbeit in den früheren zwei Jahrzehnten.

Das Drehbuch von Alan Jay Lerner hätte eine kräftigere Infusion von Einfallsreichtum vertragen können, und die Musik von Lerner und Burton Lane erwischte den Preis für die beste Originalpartitur eines Astaire-Filmes in den fünfziger Jahren rein zufällig. Trotzdem ist *Royal Wedding* ein äußerst erfreulicher Film, dank Astaire und seinen Kollegen Jane Powell und Stanley Donen, der mit diesem Film ein vielversprechendes Solodebüt als Regisseur gab.

Arthur Freed hatte seit Mitte der vierziger Jahre versucht, Astaire zu der Arbeit an *The Belle of New York* zu überreden. Sie rangen sich schließlich 1952 zu diesem Projekt durch, und das Ergebnis bringt einen dazu, über die Gründe nachzudenken, warum Freed so hartnäckig war, oder warum Astaire dann doch tatsächlich überhaupt kapitulierte. Trotz der Anwesenheit von Vera-Ellen und so drolligen Typen wie Marjorie Main, Alice Pearce und Keenan Wynn (der innerhalb von zwei Jahren zum drittenmal Astaires Freund spielt) vor der Kamera, und dem für gewöhnlich zuverlässigen Charles Walters dahinter, scheitert *The Belle of New York* an seiner eigenen bleiernen Fantasterei.

Der Film leitet sich entfernt von einem Bühnenmusical des gleichen Titels aus der Jahrhundertwende ab. Die dürftige Liebesgeschichte des Films zwischen einer bezaubernden Wanderpredigerin und einem Genüßling aus den »fröhlichen Neunzigern« war von Anfang an eine ziemlich abgedroschene Vorlage, die durch den teilnahmslosen Dialog und Walters eintönige und statische Kameraführung sogar noch lebloser wird. In einem Versuch, der Story einen Hauch von Neuartigkeit zu verleihen, führt *Belle* Astaires Tanznummer an der Zimmerdecke aus *Royal Wedding* noch einen Schritt weiter und baut den ganzen Film um sie herum. Die Liebe läßt Astaire und Vera-Ellen buchstäblich »auf Wolken gehen«, und sie verbringen in dem Film viel Zeit damit, sich ihren

Vera-Ellen und Fred Astaire in ›The Belle of New York‹ (1952).

Weg durch die Wolken auf der verschwenderischen Nachbildung von Little Old New York zu bahnen. Es war ein katastrophales Fehlurteil – was ein cleverer Einfall für eine fünfminütige Nummer gewesen war, entwickelt sich zu einer schmerzlichen Grundidee, wenn davon ein ganzer Film getragen werden soll. In *The Belle of New York* scheinen die Schauspieler von diesem ganzen Kram genausowenig überzeugt zu sein wie das Publikum, was vielleicht erklärt, warum der ganze Film eine seltsam geisterhafte, unbewohnte Art und Weise ausstrahlt.

Astaires Rolle erinnert auffällig an diejenige, die ihm am Broadway in *Smiles* Unheil gebracht hatte, und die inzwischen vergangenen zwanzig Jahre hatten sie überhaupt nicht zweckmäßiger werden lassen. Er ist gleichzeitig zu erwachsen und viel zu arglos, um als reformierter Wüstling zu überzeugen, der von der widerwilligen Großzügigkeit seiner Tante lebt. Astaires Darstellung in diesem Film ist wahrscheinlich die am wenigsten überzeugende dieser Dekade. Es ist besonders schade, denn *Belle* enthält einige von Astaires unübertrefflichsten Tanznummern, die traurigerweise von übermäßigen Spezialeffekten beeinträchtigt werden. Astaire tummelt sich in einer einnehmenden Szene mit Tauben und Fahnenmasten auf dem Triumphbogen am Washington Square, doch die allzu offensichtliche Anwendung von Rückprojektion und Bildmontage nimmt ihr die ganze spontane Freude. In einer ähnlichen Sequenz tollen Astaire und Vera-Ellen durch eine von Pferden gezogene Straßenbahn, was wirklich erfreulich ist, bis sie den Scherz übertreiben und auf dem Rücken des unglücklichen Tieres tanzen. Zusammen gleiten sie graziös durch einige schöne Gemälde in der etwas lang geratenen »Currier and Ives«-Sequenz, doch Astaires eine, wirklich effektvolle Nummer ist hier die bei weitem anspruchsloseste – er ist allein auf einer leeren Bühne und singt und tanzt im Scheinwerferlicht einen gebrochenen Soft-Shoe zu den Klängen von »I Want To Be A Dancing Man (with Footsteps on the Sand of Rhythm and Rhyme)«. Doch so schön diese Nummer auch ist, sie ist zu kurz und kommt zu spät, um *The Belle of New York* vor seinen endlosen, blöden Kunstgriffen zu retten.

Glücklicherweise ließ Astaire diesem Fiasko *The Band Wagon* (Vorhang auf!, 1953) folgen, ein wirklicher Markstein im Filmmusical und wahrscheinlich Astaires befriedigendsten Film aller Zeiten. *The Band Wagon* ist die Apotheose des Kulissenmusicals und enthält nicht ein einziges unpassendes Element, kombiniert eine Fülle von Songs von Howard Dietz und Arthur Schwartz mit einem witzigen und intelligenten Drehbuch von Betty Comden und Adolph Green, und die stilvolle und eindringliche Regie von Vincente Minnelli mit einem bemerkenswert geschickten Aufgebot von Hauptdarstellern zu einer nahtlosen Zusammenarbeit. Und die Tatsache, daß *The Band Wagon* ein weiteres Mal die Grenzen zwischen Fiktion und Halbbiographischem überwand, war kein geringer Vorzug, denn Astaire erhielt dadurch die vollkommenste und herausforderndste Rolle seiner Karriere.

New Yorks Schöne war in diesem Film Vera-Ellen. Fred war ihr Verehrer in ›The Belle of New York‹ (1952).

Oberflächlich betrachtet konnte die Handlung nicht reizloser ausfallen: Ein verwelkter Filmtänzer (Astaire), eine stolze Ballerina (Cyd Charisse), ein munteres Autorenehepaar (Oscar Levant und Nanette Fabray), und ein quartettbesessener Impresario/Regisseur mit grenzlosem Talent und sogar noch überladenerem

Fred versteht es, seine Zuhörer zu begeistern. Oscar Levant (rechts sitzend) bringt seine Einwände erst später vor. Eine Szene aus ›The Band Wagon‹ (Vorhang auf!, 1953) von Vincente Minnelli.

Ego (Jack Buchanan), machen sich unpassenderweise gemeinsam auf, um ein Musical zu produzieren. Unterwegs kracht Ego auf Ego, als die Kräfte des fröhlichen Zeitvertreibs (Astaire) der künstlerischen Pomphaftigkeit (Buchanan) den Vorrang lassen, und die Show allmählich zusammenbricht, zu der Begleitung von zerrütteten Nerven und verbitterten Beziehungen. Schließlich raffen sich diese unvereinbaren Persönlichkeiten aus Hingabe an die gemeinsame Berufung zusammen und schaffen zur Schlußausblendung den vorhersagbaren Bühnenhit.

The Band Wagon unterscheidet sich von all seinen Vorgängern durch die Tatsache, daß Comden, Green und Minnelli dieses Milieu in- und auswendig kennen und ihm aufrichtige Gefühle entgegenbringen. Das läßt diese ganzen hinkenden Klischees von »The Show Must Go On« von einer Vitalität und Überzeugung widerhallen, die sie zuvor nie enthalten hatten. Diese Figuren sind ihren Schöpfern sehr ähnlich und leben in einem hermetisch versiegelten Universum, das von den Mauern ihres Gewerbes begrenzt wird. Astaire, Cyd Charisse und der Rest fliegen in Zügen, die ein Theater mit dem nächsten verbinden, an der blassen realen Welt vorbei und kennen keine Leute, die nicht vom Fach sind. Ihre Verhältnisse zueinander, wie persönlich auch immer, hängen völlig davon ab, wie gut sie miteinander arbeiten – deswegen kommen in Astaire auch erst dann persönliche Gefühle für Miß Charisse auf, als er entdeckt, daß ihre Tanzauffassung doch gar nicht so verschieden ist. Am Ende des Filmes definiert Cyd Charisse ihre Liebe für Astaire sogar in der Form der langen

Ein Dreigespann aus › The Band Wagon‹ (Vorhang auf!, 1953): Fred Astaire, Nanette Fabray und Jack Buchanan.

Laufzeit, die sie der Show vorhersagen, die sie zusammengebracht hat.

Wie sie es bereits in *The Barkley of Broadway* getan hatten, skizzieren Betty Comden und Adolph Green viele ihrer fiktiven Figuren nach den losen Umrissen von realen Vorbildern. Die szenenstehlende Figur von Jack Buchanan ist so etwas wie eine gottlose Kreuzung zwischen Noel Coward und Orson Welles, während Levant und Fabray als unverhüllte Doppelgänger für Comden und Green selbst dienen. Doch diese Abkömmlinge aus dem Showgeschäft dienen hauptsächlich als geistreiche Bezugspunkte für die liebevolle aber bissige Hommage an Astaire im Zentrum des Filmes. *The Band Wagon* vermischt übertriebene Einzelheiten aus Astaires Vergangenheit mit scharf beobachteten Facetten des Leinwandmythos und verewigt die Legende von Astaire, indem er sie gleichzeitig kommentiert. »Tony Hunter« ist tatsächlich Josh Barkley ohne Dinah, oder Tom Bowen, der in einer Welt ausgesetzt wurde, die sich nicht länger um seine Talente kümmert. Hunter ist in die Vergessenheit gesteppt, ohne zu erkennen, daß sich die Welt und die Filme zu einem anderen Tempo hinbewegt haben. Er hat mehr als seinen Lebensunterhalt verloren – er hat den Mittelpunkt seines Lebens verloren.

Die unbekümmerte Jugend von *Top Hat* hatte fröhlich seinem Wunsch nach »No strings, no connections/No ties to my affections« (»Keine Ketten, keine Verbindungen, keine gefühlsmäßigen Verbindungen«) Luft gemacht, und zwanzig Jahre später muß Tony Hunter reuevoll für die Konsequenzen bezahlen. Er trägt seine Einsamkeit mit philosophischer Ruhe, weil er sich nicht sicher ist, ob er mit etwas anderem fertig werden kann, oder ob er persönlich der Liebe eines anderen wert sei – doch er ist wirklich stolz auf seine Arbeit und explodiert vor uncharakteristischer Wut, wenn er glaubt, daß seine Talente nicht beachtet werden. Und sobald seine Mitarbeiter seiner Begabung vollen Tribut zollen, ist alles in Ordnung. Seine Karriere wird zum selben Zeitpunkt neu belebt, als er in seiner Ballerina, die sich zur katzenhaften Steptänzerin entwickelt hat, eine bleibende Partnerin findet.

Praktisch alle großen Musicals von Minnelli haben eine bitter-

Fred auf Mädchenjagd: Eine Szene mit Cyd Charisse aus ›The Band Wagon‹ (Vorhang auf!, 1953).

süße Schwermut unter der rauschenden, glitzernden Oberfläche aus Songs und Dekorationen, und unter seiner meisterlichen Führung liefert Astaire die bezeichnendste und kunstreichste Darstellung seines Lebens. Von seinen nervösen, nicht überzeugenden Bemerkungen über die Freuden des Junggesellenlebens, bis zu seiner nachdrücklich betonten Breitseite, »Ich bin nicht Nijinsky! Ich bin nicht Marlon Brando!«, als sein fehlgeleiteter Regisseur versucht, aus ihm etwas zu machen, was er einfach nicht ist, bietet Astaire eine schauspielerische Leistung von erstaunlicher Reichweite und Dimension. Das völlige Fehlen von Egoismus ist bei seiner Arbeit hier besonders bemerkenswert. Indem Astaire eine säuerliche Version seiner selbst spielt, die von Miß Charisse als »praktisch inzwischen eine historische Figur« bezeichnet wird, macht er Tony Hunter dadurch so unwiderstehlich, da er sich weigert, seine Darstellung mit Pathos oder Selbstmitleid zu verzieren.

»Wir stammen aus zwei verschiedenen Welten, zwei Zeitaltern, und trotzdem sollen wir zusammen tanzen«, seufzt Tony zu Ballerina Gaby, und eine der Freuden von *The Band Wagon* ist die Brillanz, mit der Astaire und Cyd Charisse tatsächlich ihre eigenen Verschiedenheiten überwinden. Cyd Charisse ist ein ausgesprochenes Produkt der geschmeidigen, amerikanisierten Ballett-Tradition, die Gene Kelly verkörperte, und sie mindert ihre schreckliche Sinnlichkeit mit einer lyrischen Grazie, die sich unvermutet mit Astaire ergänzt. Ihr prächtiges Duett »Dancing In The Dark« erweckt den Astaire von früher mit einem zusätzlichen Ansporn von Cyd Charisses stilisierter Bodenständigkeit, während Astaire der schwülen Feierlichkeit von Cyds Schwingungen in dem unvergleichlichen »Girl Hunt Ballet« eine beißende Note von todernster Satire beifügt. »Girl Hunt« ist oberflächlich ein geistreicher Höhenflug in der harten, männlichen, lüsternen Art von Mickey Spillanes Kriminalromanen, darunter findet sich jedoch eine schelmische Betrachtung von jenen schmerzhaft ernsten Balletts Gene Kellys, von denen einige Ästhetiker behaupteten, sie hätten das Musical in das Reich der Kunst erhoben. Kellys Landsmann Michael Kidd hatte die Nummer choreographiert, Astaire stakst durch seinen Großstadtdschungel, der wie ein Comic Strip aussieht, und umschlingt die schwülstige Cyd mit der Agonie der wahren Lust, während sie ihn mit Metern und Metern von schwarzbestrumpften Beinen umschlingt. Die einzige Sache, die diese Nummer von Kellys »Broadway Melody« in *Singin' in the Rain* (Du sollst mein Glücksstern sein, 1952) unterscheidet, liegt darin, daß diese ganz genau weiß, wie ausgelassen und heiter sie ist.

Wenn Levant, Fabray oder Buchanan zu Astaire stoßen, macht er wieder seine eigene Marke von bescheidener Fröhlichkeit geltend – oftmals zu Melodien, die er in der originalen Bühnenfassung von *Band Wagon* zwanzig Jahre zuvor vorgestellt hatte.

Leslie Caron und Fred Astaire in ›Daddy Long Legs‹ (Daddy Langbein, 1955).

Astaire, Buchanan und Fabray watscheln vergnügt als quengelnde, brudermörderische »Triplets« über die Bühne. Zusammen mit Buchanan bringt er die ätherische Erhabenheit von »I Guess I'll Have to Change My Plan« zum Ausdruck und klettert mit seinen Kollegen über die Kulissentrümmer, während sie gemeinsam die »Alles-ist-möglich«-Nationalhymne des Showgeschäfts schmettern, »That's Entertainment.«

So ausgelassen die meisten Passagen sind, so ist doch der unauslöschlichste Moment von *The Band Wagon* einer seiner ruhigsten: Astaire schnlendert mit munterem Gleichmut einen Bahnsteig entlang und murmelt sanft seine Entschlossenheit, sich »eine eigene Welt aufzubauen; denn niemand weiß besser als ich selbst, daß ich mir selbst allein genüge«. (»Build a world of my own; no one knows better than I myself, I'm by myself, alone.«)

Tragischerweise erfüllte sich die grimmige Prophezeiung dieses Liedes bald in Astaires Privatleben, denn Phyllis Astaire starb im September 1954, nach einem sechsmonatigen Kampf, an Krebs. Astaire hatte Monate vorher bei Twentieth Century-Fox für *Daddy Long Legs* (Daddy Langbein, 1955) unterschrieben, und stürzte sich einen Monat nach ihrem Tod verzweifelt in dieses Projekt, in der Hoffnung, sich selbst damit von seinem Verlust abzulenken.

Irgendwie dringt überhaupt nichts von seinem Schmerz in den leichten *Daddy Long Legs* ein. Diese uralte Geschichte über die pikante Vernarrtheit einer Waise in ihren gesetzteren Wohltäter, war bereits zweimal zuvor mit Mary Pickford und Janet Gaynor verfilmt worden. Das Märchen wurde in moderner Kleidung, Farbe von DeLuxe und CinemaScope als Vehikel für Leslie Caron aufpoliert und bewahrte eine bemerkenswerte Menge seines ursprünglichen altmodischen Charmes. Seit *Lili* (Lili, 1952) war die Caron Hollywoods Hauptlieferantin von linkischer Weißglut geworden, und ihre schmachtende Mädchenhaftigkeit vermischt sich sanft mit Astaires leutseliger Reife, während Fred Clark und Thelma Ritter von Zeit zu Zeit ins Blickfeld springen, um eine willkommene strenge Note zu diesen denkbar sentimentalen Vorgängen beizusteuern.

›Daddy Long Legs‹ (Daddy Langbein, 1955). Eine Traumsequenz mit Leslie Caron.

In *Daddy Long Legs* spielt Astaire einen anspruchslosen amerikanischen Plutokraten, der viel lieber auf seinen Jazztrommeln spielt, als sich mit den lästigen Einzelheiten der Hochfinanz herumzuschlagen. Wie immer ist er abgeneigt, sich gefühlsmäßig zu binden, und in puncto Erotik ist er bedeutend langsamer als die Heldin. Kompliziert durch die Tatsache, daß Astaire als ihr eigentlicher Ersatzvater die Vorstellung einer Romanze mit Caron verstandesmäßig unvereinbar, wenn auch unterbewußt anziehend findet, nimmt das Schicksal schließlich und endlich doch seinen Lauf.

Für gewöhnlich verflüchtigen sich solche Dilemmas, wenn Astaire und seine Partnerin einem Lied nachgeben, und *Daddy Long Legs* liefert für diesen Anlaß zwei scheinbar ekstatische

Duette. Doch seltsamerweise läuft irgend etwas unfaßbar verkehrt, wann immer Astaire und Caron zusammen tanzen. Ihre Körper sind nicht wirklich vereinbar, die Caron sieht neben Astaire ausgesprochen massiv und breithüftig aus, und ihre punktgenauen Interpolierungen verbinden sich mit seinem gleitenden Ballsaalstil nur schlecht. Die Caron hatte sich auch mit Gene Kelly im Traumballettland gedreht, und *Daddy Long Legs* präsentierte sie in zwei Sequenzen dieser Art, die von Roland Petit ziemlich schwerfällig inszeniert sind. Astaire tritt in der ersten in verschiedenen Verkleidungen auf, einschließlich ihres Schutzengels à la *Yolanda and the Thief,* und erscheint in der zweiten nur flüchtig, wobei er sich inmitten von Petits gezierten ernsthaften Anmaßungen ziemlich unbehaglich zu fühlen scheint. Gemeinsam fahren sie besser in der parodistischen »Sluefoot« Rock 'n' Roll-Nummer, doch die Sympathie zwischen Astaire und Leslie Caron schlägt nur wirklich Funken auf den ruhig ausgeführten romantischen Strecken zwischen den Liedern. Diese Augenblicke und Astaires entwaffnende Version von Johnny Mercers »Something's Gotta Give« waren Vorzüge genug, um *Daddy Long Legs* zu einem erfreulichen Intermezzo in den Karrieren von beiden Stars zu machen.

Astaire war mehr als jemals zuvor fest entschlossen weiterzuarbeiten und erklärte sich als nächstes einverstanden, in *Papa's Delicate Condition* für die Paramount, seine erste Vaterrolle zu spielen. Doch Audrey Hepburn und *Funny Face* (Ein süßer Fratz, 1957) kamen dazwischen. Unter der Produktion von Arthur Freeds langzeitigem Assistenten Roger Edens, und inszeniert von Stanley Donen, der nach *Royal Wedding* die Regie bei *Singin' in the Rain* und *Seven Brides for Seven Brothers* (Eine Braut für sieben Brüder, 1954) übernommen hatte, läßt *Funny Face* sogar den erfreulichen *Daddy Long Legs* im Vergleich kraftlos und langweilig aussehen. Buchstäblich vor Überschwenglichkeit und Gefühlsausdruck berstend und durchtränkt von der wirkungsvollsten Farbpalette, die jemals in einem Musical zu sehen war, gesellte sich *Funny Face* zu *The Band Wagon* auf dem Gipfel von Astaires Erfolgen in seiner jüngsten Karriere.

Während *The Band Wagon* leichtbeschwingte Darbietungen

Fred Astaire und Kay Thompson in ›Funny Face‹ (Ein süßer Fratz, 1957).

Mit Audrey Hepburn in ›Funny Face‹ (Ein süßer Fratz, 1957), einem Film von Stanley Donen.

gegen Kunst als seinen Hauptkonflikt ausspielte, stellt *Funny Face* den eleganten Reiz der Welt der Haute Couture dem schmuddeligeren Milieu der Beatniks und des Intellektualismus gegenüber. Wenn man bedenkt, daß Astaire eindeutig auf der Seite des ersteren steht, und daß Donen, der eleganteste aller Regisseure, hinter dem Sucher lauert, kann es kaum einen Zweifel geben, welche Seite gewinnen wird. Astaire spielt wieder einmal eine Variation von Pygmalion und stellt einen berühmten Modefotografen dar, der den eifrigen Spatz Audrey Hepburn aus einem schäbigen Buchladen in Greenwich Village herauspickt und sie während einer Reise nach Paris für das Layout einer Zeitschrift in einen strahlenden Schwan verwandelt. Auf dem Papier haben die Figuren keinen wirklichen Tiefgang, und das Drehbuch unternimmt einige grundlose billige Angriffe auf das bärtige Künstlertum in den fünfziger Jahren. Außerdem gibt das Script zu verstehen, daß mit einer Frau etwas nicht stimmen kann, die sich eher für das Lesen von Büchern interessiert, statt sich für das Posieren für glänzende Fotos in wunderschönen Kleider zu begeistern.

Glücklicherweise nimmt *Funny Face* dieses Drehbuch nicht besonders ernst. Donen verwendet es lediglich als Sprungbrett für eine erheiternde Zurschaustellung von prachtvollem visuellem Stil und der Art von wohlgemutem Aufbrausen, nach der die Filmmusicals unaufhörlich streben und die sie praktisch niemals erreichen. Dem Thema angemessen ähnelt *Funny Face* einem kostbaren Stoß von *Vogue* Layouts, die wunderbarerweise in Bewegung geraten sind, und die damit beschworene Welt ist unglaublich glamourös und verführerisch. Praktisch jede Nummer bezieht sich auf ein anderes und glänzend visuelles Motiv: Die wahnwitzige Magazinredakteurin Kay Thompson ermahnt ihre leichtgläubigen Leser in »Think Pink«, »rosa« zu denken, und die Leinwand wird von rosa Kleidern, rosa Zahnpasta, rosa Shampoo, und rosa Leuten gesprengt. Inmitten des diffusen roten Lichts seiner Dunkelkammer singt Astaire das Titellied für Miß Hepburn. Später wirbeln sie verzückt durch eine ländlich impressionistische Landschaft aus blauen Bächen und grünen Wiesen, zu den Klängen von »He Loves and She Loves«.

Tanzend durch den Park: Fred Astaire und Audrey Hepburn in ›Funny Face‹ (Ein süßer Fratz, 1957).

Mit *On The Town* (Heut' gehn wir bummeln, 1949) hatte Donen das Musical mit der frischen Brise von echten Großstadtschauplätzen erfüllt, und *Funny Face* erforscht Paris mit der gleichen Freude und Vitalität, während die drei Hauptakteure jubelnd durch die Stadt schlendern und die erschrockenen Einwohner mit einem überschwenglichen »Bonjour Paris« begrüßen. In diesem herrlich erkünstelten Universum vermitteln sogar die unlogischsten Geschehnisse ihre eigene Überzeugung, und der Film schließt mit einem der berauschendsten romantischen Bilder der Filmgeschichte – Astaire und Hepburn wiegen sich in einer Umarmung zu Gershwins »'s Wonderful«, während ein Floß sie langsam einen Fluß hinauf in die Unendlichkeit trägt.

Donens einfallsreiche Kameraarbeit und sein energisches Tempo entsprechen der Vitalität und dem Elan seiner drei Hauptdarsteller. Kay Thompson sieht als die exzentrische, anspruchsvolle Moderedakteurin wie ein Zeichentrick-Modigliani aus und stiehlt lüstern jede Szene, in der sie auftritt. Audrey Hepburn scheint passenderweise das Produkt einer völlig anderen Spezies zu sein, ist ganz zitternde Reinheit und elfenhafte Leidenschaftlichkeit. Umgeben von Donens liebevoller Inszenierung wird sie auch zu einer geschmeidigen und lebenswichtigen Partnerin für Astaire. Es ist zweifelhaft, ob das Publikum in den fünfziger Jahren wirklich von ihrem Altersunterschied beunruhigt wurde, da es daran gewöhnt war, die Hepburn dabei zu beobachten, wie sie schmachtend in die Augen von so ältlichen Staatsmännern der Leinwand wie Humphrey Bogart und Gary Cooper blickte. Was Astaire betrifft, ist dies eine seiner sanftesten, unterspieltesten Darstellungen, trotz ein paar gezielter Taktlosigkeiten des »bösen Amerikaners« gegen Existentialisten und anderes anmaßendes Gesindel. Er nimmt in seinem herkömmlichen Stil ein energiegeladenes Solo in Angriff, in dem er seinen Regenmantel und Schirm in das Zubehör eines wirbelnden imaginären Stierkampfes verwandelt, und er liefert eine nasale, frohlockende Version von »Clap Yo' Hands« mit der stimmkräftigen Kay Thompson. Astaire verbringt jedoch die meiste Zeit des Filmes mit der feinfühligen Erweckung von Hepburns Gefühlen. Mit fast sechzig Jahren übertrifft seine kunstreiche Galanterie immer noch die Zeichen der Zeit, die sein Gesicht markieren.

In den fünfziger Jahren versuchte Hollywood verzweifelt, sein schwindendes Publikum wieder anzuziehen und seine idyllische Vergangenheit durch eine Serie von mißratenen Remakes von früheren Triumphen wieder wachzurufen. Im Jahre 1956 hatte die MGM bereits *The Women* unter dem schönen Titel *The Opposite Sex* neu verfilmt, hatte *The Philadelphia Story* (Die Nacht vor der

Cyd Charisse und Fred in ›Silk Stockings‹ (Seidenstrümpfe, 1957), einer Neuverfilmung von ›Ninotchka‹ aus dem Jahre 1939.

Hochzeit, 1940) zu *High Society* (Die oberen Zehntausend, 1956) verwandelt, wobei jeder Versuch immer blasser ausfiel. Deswegen war es keine Überraschung, als *Ninotchka* (Ninotschka) im folgenden Jahr, begraben in *Silk Stockings* (Seidenstrümpfe, 1957) wiederkehrte. Obwohl jedes Projekt, das Astaire wieder mit Cole Porter und Cyd Charisse vereinte, automatisch einen Ausgleich lieferte, bot *Silk Stockings* Astaire einen ziemlich ernüchternden Abstieg nach dem anspruchsvollen Höhenflug von *Funny Face*.

Silk Stockings versucht verzweifelt, die spritzige Überschwenglichkeit des Originals zu modernisieren, doch das Resultat fällt eindeutig auf die Nase. In dieser neuen Version kommt die gestrenge Russin nach Paris, um einen russischen Komponisten den materialistischen Krallen eines amerikanischen Filmproduzenten (Astaire) und den imperialistischen Reizen von »America's Swimming Sweetheart« (Janis Paige, so frech wie nie zuvor) zu entreißen, die die Hauptrolle der Kaiserin Josephine in Astaires neuestem aufgeputzten Epos spielen soll. Natürlich unterliegt die Genossin selbst dem französischen Chic und dem »urge to merge with the splurge of the spring« (»Verlangen mit der verschwenderischen Fülle des Frühlings zu verschmelzen«), woran Astaire sie andauernd erinnert. Das Drehbuch parodiert die Bolschewisten mit der Zartheit eines Vorschlaghammers, und wird noch grober von der erstaunlich statischen Regie Rouben Mamoulians behandelt. Zu anderer Zeit war Mamoulian für die Grazie und Leichtfüßigkeit seiner Filme bekannt gewesen, doch *Silk Stockings* ist auffallend unangenehm anzusehen, da die CinemaScope-Kamera wie festgenagelt an einer Stelle steht, um die Schauspieler aufzuzeichnen, wie sie witzlose Dinge hersagen, während sie in eintönigen Dekorationen eingepfercht sind.

Es überrascht nicht, daß die schauspielerischen Leistungen unter diesen Umständen beträchtlich leiden. Astaire tut sein Äußerstes, um sich beliebt zu machen, doch sein flotter Yankee im Ausland, aus den dreißiger Jahren, ist zu dem häßlichen Amerikaner der fünfziger Jahre erstarrt – etwas zu unverschämt, um geliebt zu werden, etwas zu selbstgefällig in seinem Verhalten zu Fremden und Frauen und gegenüber seiner eigenen Anziehungskraft. Cyd Charisses übliche schmerztötende Lesart paßt oberflächlich zu der schwermütigen Ninotchka, doch trotz eines edlen Versuchs, wird sie von der Virtuosität der Rolle besiegt.

Jedoch wenn die beiden tanzen, werden sie wunderbarerweise noch einmal zu dem siegreichen Paar von früher, und die Sinnlichkeit dieser Intervalle übermitteln alles, was ihre Figuren mit Worten nicht mittteilen können. Astaires pulsierend gesungenes »All of You« erlangt vortrefflich die aufgeladene Erotik seines »Night and Day« wieder, das er vor fast einem Vierteljahrhundert gesungen hat. Zuerst fordert er seine gehemmte Partnerin spöttisch auf, sich ihm anzuschließen, indem er statt dessen mit einem Stuhl herumwirbelt. Sie zögert, wird neugierig, und allmählich weichen ihre Hemmungen, bis sie sich schließlich bald darauf geschmeidig im Tanz in den Armen liegen. Bei »Fated to Be Mated« sind sie in einer eher sportlichen Stimmung und jagen glücklich durch ein verlassenes Filmstudio, gleiten unter einen Barren und springen von Tonstudio zu Tonstudio, wobei Miß Charisse mühelos auf Astaires Hüfte sitzt.

Trotzdem kann die verblüffende Finesse dieser Nummern nicht die Tatsache verschleiern, daß Astaire und Charisse wirklich auf der Totenfeier des musikalischen Genres tanzen, bei dessen Schöpfung Astaire mitgeholfen hatte. Sogar solche Meisterwerke wie *Band Wagon* und *Funny Face* hatten die finanziellen Erwartungen nicht erfüllen können, und im Jahre 1957 war der Publikumsgeschmack unwiderlegbar vom Tanzmusical abgewandert und bevorzugte einerseits die Prachtwerke von Rodgers und Hammerstein und am anderen Ende der Skala die anzüglichen Kreisbewegungen von Elvis und seinen Nachahmern. *Silk Stockings* markierte nicht nur das Ende von Astaires zweiter großer Musicalperiode, sondern gleichzeitig auch von Cyd Charisses Karriere im Tanzfilm. Gene Kelly produzierte 1957 mit *Les Girls* die letzte Anstrengung auf diesem Gebiet. Astaire akzeptierte diesen Zusammenbruch philosophisch. Er paßte seine Talente einfach dem Fernsehen an und schuf einige preisgekrönte Sendungen, in denen er mit der graziösen Barrie Chase tanzte. Wie seine Kollegen Kelly und Charisse, verlängerte Astaire seine Leinwandkarriere, indem er sporadisch dramatische Aufgaben übernahm, doch das milderte in Wirklichkeit nur den Schlag ab. Nachdem *Silk Stockings* 1957 kam und ging, war etwas Besonderes und Geschätztes für immer aus den Kinos verschwunden.

Niemals mehr tanzen

Astaire unterbrach seine zweijährige Abwesenheit von der Leinwand im Jahre 1959 mit einem Film und einer Rolle, die nicht weiter von dem hätte entfernt sein können, was er vorher getan hatte. *Funny Face, Royal Wedding* und der Rest waren fröhliche Lobeshymnen an die Liebe gewesen, an Steptanz und Technicolor. *On the Beach* (Das letzte Ufer, 1959) war ein unheilvolles Klagelied, mit schwarz-weißen Bildern, über das Ende der Welt. Als Warnsignal erzählt der Film die Geschichte einiger australischer Überlebender eines nuklearen Massensterbens, die vor ihrer eigenen ungewissen Zukunft zittern, die wohl den unausbleiblichen Tod herbeiführen wird. *On the Beach* brachte in gedrängter Form die Art ehrlicher Ernsthaftigkeit, die Astaire kategorisch stets aus seinen früheren Filmen verbannt hatte. Aber die Zeiten hatten sich geändert, und die Gewichtigkeit dieser Intentionen dieses Films untermauert schließlich die Gegebenheit, daß Astaire auch ohne Tanzschuhe eine unwiderstehliche Leinwandpersönlichkeit war.

Als beklagenswerter Nuklearwissenschaftler, der die verheerenden Umwälzungen seines Labors vor Augen hat, fungierte Astaire als Sprachrohr für Regisseur Kramers verwirrten Liberalismus. Durch ihr Vorhaben einer sachgetreuen Wiedergabe tun Astaire und Kramer alles, so muß man annehmen, um den Geist seines früheren strahlenden Ichs von den Geschehnissen fernzuhalten. Grelles Licht verdeutlicht die müde Schroffheit seiner Gesichtszüge, Astaire setzt sorgfältig seine Pausen, um die Wichtigkeit jedes gemurmelten Wortes zu betonen, bevor die Worte in leisem, englisch-akzentuiertem Flüstern untergehen.

Dank Kramers leidvollem Tempo und seiner gewöhnlich stark vereinfachten Voreingenommenheit sieht *On the Beach* jetzt mehr und eher wie eine eigenartige soziologische Fußnote zu den fünfziger Jahren aus, als wie ein Meisterstück profunder Weissagung, als das der Film angekündigt gewesen war. Immer versucht es Kramer, aus seinen Schauspielern interessante darstellerische

Leistungen herauszuholen, und Astaire ist hier ebenso ausdrucksvoll wie seine Costars Gregory Peck und Ava Gardner, abgesehen von allen gefahrvollen Irrtümern innerhalb ihrer Rollen.

Nachdem Astaire einmal überprüft hatte, daß er melancholisch und unkomisch sein konnte wie jeder andere Charakterdarsteller auch, betrat er wieder einmal ein ihm bekannteres Terrain mit dem Film *The Pleasure of His Company* (In angenehmer Gesellschaft, 1961). Die Handlung von *The Pleasure of His Company* geht auf eine populäre Broadway-Komödie von Samuel Taylor und Cornelia Otis Skinner zurück. Wie Taylors anderes Bühnenstück, das dann später verfilmt wurde, *Sabrina*, 1954 nämlich, ist *The Pleasure of His Company* eine leicht anachronistische Melange aus Epigramm und Rührstück innerhalb der oberen Gesellschaft. Astaire spielt den lässig-eleganten Pogo Poole, einen dreimal verheirateten Jetsetter und nachlässigen, reumütigen Vater, der zu seiner Exfrau Lilli Palmer zurückkehrt, um in deren Herrschaftshaus auf dem Nob Hill der Hochzeit seiner Tochter (Debbie Reynolds) mit einem freimütigen jungen Viehzüchter (Tab Hunter) beizuwohnen. Während seines turbulenten Aufenthaltes entfacht er erneut, aber auf höfliche Art, die glimmenden Kohlen zu einem Feuer, das noch zwischen ihm und seiner ehemaligen Frau brannte. Außerdem stachelt er den Verlobten seiner Tochter so sehr auf, daß dieser nahezu die Hochzeitspläne mit der verblüfften Tochter des Hauses aufgibt, um den Schwiegervater in spe auf dessen lasterhaften Spritztouren um den Globus zu begleiten. Erst in der letzen Minute kapituliert er mit seinen Bemühungen und hinterläßt die Dinge so, wie er sie bei seiner Ankunft vorfand.

Diese leicht antike Qualität dieses mit Schlagfertigkeiten gefüllten Bonbons wird noch durch George Seatons bühnenhaften Inszenierungsstil unterstützt, durch den die verbrämten Dialoge in alle möglichen Richtungen führen. Ergebnis: *The Pleasure of His Company* lebt fast vollkommen in seinen Effekten vom Charme seiner Hauptdarsteller, und unter diesen Gesichtspunkten kann man das Ergebnis sicherlich mit gemischten Gefühlen betrachten. Die Rolle des Pogo Poole steht Astaire sehr gut zu Gesicht, und in einer Anlehnung an die Rollen anderer männlicher Hauptdarsteller agiert Astaire possierlich und perfekt, darüber hinaus wirkt er sogar etwas wehmütig und regt zum Nachdenken an. Als Pogos herausgeforderte Exgemahlin ist Lilli Palmer köstlich; mit ihrem glänzenden Timing und ihrer reifen Wärme ist sie die rechte Vereitlerin von Astaires Plänen. Keine verschnörkelte Verbindung aus Vererbung und Milieu könnte möglicherweise das Phänomen von Debbie Reynolds als Tochter dieses liebenswert-aalglatten und großstädtischen Paares Astaire und Palmer erklären. Nicht zuletzt verbringt Debbie Reynolds die halbe Zeit ihrer Leinwandpräsenz damit, daß sie durch Tränen der Freude, der Bitterkeit oder der Verwirrung hin und her gerissen wird, und ihre permanente »Nässe« übt eine tolle Wirkung auf den Film aus, jedesmal, wenn ihre Eltern gerade nicht in der Nähe sind. In solchen wortreichen Unterhaltungsfilmen wie *The Pleasure of His Company* vermißt man Astaires frühere tänzerische Zwischenspiele.

Im darauffolgenden Jahr kehrte Astaire wieder auf den platonischen Status des zweiten männlichen Hauptdarstellers zurück, indem er neben Jack Lemmon und Kim Novak (im Vergleich zu seinem Film *On the Beach)* in dem halbkomödiantischen Film *The Notorious Landlady* (Noch Zimmer frei, 1962) spielte. Diese fragliche Lady ist eine ausgebürgerte Examerikanerin in London, die des Totschlags verdächtigt wird. Von dem untergeordneten Bediensteten des American Foreign Service (Lemmon) mietet sie, zum Schrecken seines Vorgesetzten Astaire, ein Zimmer. Astaire ist ein protokollarischer Pedant und Kleinigkeitskrämer, dem nicht daran gelegen ist, daß der Foreign Service in einen Skandal verwickelt wird. Natürlich kann es nicht ausbleiben, daß Astaire und Lemmon schon recht bald von Kim Novak begeistert sind und den Rest des Films damit verbringen, die Reputation der Dame und die Intrigen, in die sie verstrickt ist, wieder herzustellen bzw. aufzulösen, so daß Novak und Lemmon wieder zurück nach Amerika kehren können, nachdem Licht in ihre Vergangenheit gebracht worden ist.

Regisseur Richard Quine entwirrt die verworrene Handlung, einen Morast aus Erpressung, falschen Fährten, Ablenkungsmanövern und Hetzjagden, die den Keystone Kops alle Ehre gemacht

Fred Astaire und Lilli Palmer in ›The Pleasure of His Company‹ (In angenehmer Gesellschaft, 1961).

hätten, dadurch, daß das Szenario praktisch jedesmal dann wechselt, wenn eine neue Filmrolle ihren Anfang nimmt. Aber was wirklich den Film *The Notorious Landlady* untergräbt, ist Kim Novaks Mattigkeit in der zentralen Rolle. Als Rauhbein und skrupelloser Karrierediplomat mit durchschimmernder Ritterlichkeit liefert Astaire eine Charakterisierung, die an seine Tanz- und Gesangsunternehmungen der kommenden Jahre erinnert. Rollen wie diese rufen nach einer glatten Anwendung der Astaireschen Gewohnheiten wie Schwung und Schneid der früheren Filme; das, was man in dieser Rolle von ihm fordert und verlangt, liefert er mit der Kompetenz seiner Persönlichkeit, und unter den genannten Umständen kann man ihn für die lauwarme Ausführung von *The Notorious Landlady* nicht zur Verantwortung ziehen.

Nachdem er sein Interesse in einer Vielzahl von Specials mit seiner Partnerin Barrie Chase dem Fernsehen zugewandt und dramatische Rollen innerhalb der *Dr. Kildare*-Serie und anderer Fernsehfilme angenommen und ausgeführt hatte, sah das Publikum in den sechziger Jahren von Fred Astaire nicht sehr viel. Zu einer Zeit, wo sich die Musicals wieder machtvoll (wenn auch mit mangelnder Qualität) auf die Leinwand drängten, und die Filmindustrie gewaltige Summen in überlange, dreistündige, extravagante Unternehmungen steckte, um die Einnahmen von Filmen wie *The Sound of Music* und *My Fair Lady* zu überbieten, wandte sich Astaire auch wieder einmal einer solchen Unternehmung zu: *Finian's Rainbow* (Der goldene Regenbogen, 1968).

Wie man erleben konnte, wird man sich, wenn überhaupt, an *Finian's Rainbow* als Astaires winterlichen Schwanengesang seines früheren Ichs erinnern; die Erinnerung bezieht sich weniger auf die Lieder und Tänze, mit denen man bei diesem Film für Aufsehen und Furore hatte sorgen wollen. Der Film fällt zum größten Teil den Fehlkalkulationen zum Opfer, die diese leichte Wiedererneuerung des Musicals in den sechziger Jahren mit sich brachte. Überlang und ungeschickt besetzt in den meisten Rollen, scheint diese Kombination aus gälischer Grillenhaftigkeit und fröhlichen rassistischen Plattitüden des Hollywood des Jahres 1968 wohl schwerlich, was Frische und Kühnheit anbelangt, mit den Bühnenstücken des

Mit Jack Lemmon in ›The Notorious Landlady‹ (Noch Zimmer frei, 1962).

Tommy Steele und Fred Astaire in Francis Ford Coppolas Film ›Finian's Rainbow‹ (Der goldene Regenbogen, 1968).

Broadway im Jahre 1947 in Einklang gebracht werden zu können. Sogar die üppige Musikpartitur von Burton Lane und E. Y. Harburg verlor durch die Übervertrautheit mit dem Metier und durch die welke Handhabung vieles an Glanz. Francis Ford Coppolas Regie versucht durch die Ausnutzung vieler natürlicher Schauplätze Lebendigkeit in das Material zu bringen, aber infolge der Horden von weißen und schwarzen Komparsen, die in verzweifelter Anstrengung versuchen, spontane Kraft auszustrahlen, umgibt *Finian's Rainbow* ein modriger Beigeschmack, als versuche man, einen Leichnam zu neuem Leben zu erwecken.

Bis dato ein unerwarteter Epilog zu Astaires Musical-Legende, bereitet der Film durchaus auch Vergnügen; ostensiv das Archaischste am ganzen Film, ist Astaire trotzdem auch das Lebendigste daran. Als wunderlicher Kelte, der nach Amerika mit einem den Heinzelmännchen entwendeten Gefäß voller Gold zieht, übertreibt Astaire weniger den Vaudeville-Schmus, aber im Ganzen agiert er herrlich trotz seines vorgeschrittenen Alters und der ihm dadurch auferlegten Grenzen und innerhalb der leblosen Schauplätze. Mit der Filmtochter Petula Clark tanzt er aufgekratzt durch die Gegend und offeriert ein erschreckend kurzes winkelförmiges Tanzsolo, aber hierdurch versteht er es auch, die alte Zauberkunst eines vergangenen Astaire zu neuem Leben zu erwecken, ohne jemals zu übertreiben und ohne zu verdeutlichen, daß er den alten Glanz bislang noch nicht verloren hat.

Was diesen Astaire wirklich zum Glänzen brachte, liegt nicht so sehr in seinem Tun, sondern mehr in dem, was er immer noch repräsentiert. Indem er eine ausgelassene Schar Kinder einen staubigen Pfad hinter sich her eilen läßt, erinnert er unwiderstehlich an den Rattenfänger (von Hameln), egal ob das beabsichtigt ist oder nicht. Indem er behende und winkend zum Schluß des Films einer einsamen Bestimmung zueilt, bleibt er uns unerschütterlich in Erinnerung. Zu diesem Zeitpunkt und durch sein fortgeschrittenes Alter hätte es Astaire niemand verübeln können, wenn er sich in dieser Art nicht mehr tänzerisch betätigt hätte, um Gefahr zu laufen, die Legende der Unsterblichkeit zu zerstören. Die Tatsache, daß Astaire dieser Herausforderung würdig gerecht wurde

Fred tanzt mit Barbara Hancock in ›Finian's Rainbow‹ (Der goldene Regenbogen, 1968).

und die Illusionen des Publikums nicht zerstörte, macht *Finian's Rainbow* zu einer Besonderheit.

Trotz aller fehlender Inspiration muß man trotzdem sehr einfach verstehen, warum Astaire von den Möglichkeiten begeistert war, denen er sich in *Finian's Rainbow* gegenübergestellt sah, aber es gibt keinerlei rationelle Erklärung dafür, daß er sich im Jahr darauf der miserablen Tollkühnheit *The Midas Run* hingab. *The Midas Run* (Gestatten, das sind meine Kohlen! 1969) ist ein Gaunerfilm, der am Ende aller Gaunerfilme steht, hauptsächlich deshalb, weil der Film so kitschig gemacht worden ist, mit einem fragwürdigen Inszenierungsstil, als hätte man einen Studenten im zweiten Semester zur Regie verpflichtet.

Der Film basiert auf der Logik, niemand außer Astaire könne als Amerikaner so adrett wirken und so einschmeichelnd, deshalb besetzt der Film ihn als einen Offiziellen des Secret Service, der Richard Crenna und Anne Heywood damit lockt, ihm bei dem Kapern einer Schiffsladung voller Goldbarren behilflich zu sein. Dank seiner verschlagenen und brillanten Kunstgriffe gelingt Astaire die Entführung, die Regierung ist durch Astaires Tip in der Lage, in den Fall einzugreifen, er erhält eine Belohnung und wird obendrein noch zum Ritter geschlagen.

Der Film *The Midas Run* hat keinerlei Verwendung für Astaires schauspielerische Fähigkeiten, er hält sich auf seine Weise mehr an die Eleganz der Person, durch deren Darstellung etwas Großtuerisches in die Handlung mit einfließt.

In den darauffolgenden Jahren ist Astaire gelegentlich immer wieder zum Fernsehen zurückgekehrt, um der TV-Serie *It Takes a Thief* diese Art des charmanten Gauners aus dem Film *The Midas*

In ›The Midas Run‹ (Gestatten, das sind meine Kohlen!, 1969): Fred Astaire, Richard Crenna, Anne Heywood.

Fred Astaire als Harlee Claiborne in ›The Towering Inferno‹ (Flammendes Inferno, 1974).

Run beizusteuern. In *It Takes a Thief* (bei uns unter dem Titel »Ihr Auftritt, Al Mundy!« bekannt) verkörpert Astaire den diebischen Vater von Robert Wagner. Mit sechsundsiebzig Jahren macht Astaire seit Mitte der vierziger Jahre keinerlei Anstalten mehr, das Publikum mit einem Rücktritt aus dem Filmgeschäft zu langweilen. Tatsächlich war er gerade in den letzten Jahren aktiver als in der vorangegangenen Dekade, und zwar auf eine kontinuierliche Art und Weise. Das Jahr 1974 war das erste seit 1957, wo Astaire gleich zwei große Filme in den Kinos hatte, einmal MGMs Grabschrift für deren ehemaligen Musical-Großmeister, *That's Entertainment!*, zum anderen den Film *The Towering Inferno*.

Durch den Film *That's Entertainment!* kann man Astaire noch einmal anhand von Beispielen aus seinen Filmen von *Dancing Lady* bis *The Band Wagon* bewundern. Außerdem fungierte der Astaire der siebziger Jahre neben anderen MGM-Stars als Erzähler.

Später in diesem Jahr (1974) verließ er wieder die Gefilde der Nostalgie, um einem zeitgenössischen Trend zu folgen, den die Katastrophenfilme auf die Leinwand gebracht hatten. In einem großangelegten Film dieser Art sieht man ihn neben anderen großen Stars der Leinwand. Die Pyrotechniker hatten gewiß ihre helle Freude an *The Towering Inferno* (Flammendes Inferno, 1974). Mittlerweile der Hochstapler und Schwindler der Leinwand (und des Fernsehens), betrachtet Astaire das Massensterben als verarmter, alter Lebemann, der die reiche Jennifer Jones umgarnt, damit diese ihm seine wertlosen Sicherheiten abkauft. Astaires Rolle ist so angelegt, daß man sie als sentimentalen Gegensatz zum Hauptanliegen des Films, der Katastrophe, ansehen kann.

In den letzten Jahren wurden Astaire von offizieller Seite und als eine Art von Dankabstattung allerlei Ehrungen zuteil, die am Ende einer lebenden Legende stehen. Er erhielt den Golden Globe Award ebenso zugesprochen, wie eine »Oscar«-Nominierung für seine Rolle in *The Towering Inferno,* aber die Leute, die für diese Ehrungen verantwortlich waren, zeichneten einen liebenswerten Siebziger aus als eine Art Strohmann, denn zu der Zeit der Auszeichnungen war mal wieder einer aus der alten Garde für solcherlei Ehrungen fällig. Dieser liebenswürdige ältere Charakterdarsteller ist das lebendige Überbleibsel eines Fred Astaire, der nach Charles Chaplin der revolutionärste Filmdarsteller gewesen ist. Dieser Astaire behauptete nämlich, daß der Tanz für ihn niemals eine Ausdrucksmöglichkeit für seine Emotionen gewesen sei, aber in Wirklichkeit tat er tatsächlich etwas viel Wichtigeres. Als er sich zu seiner Zeit zu den Klängen der Musik emporschwang, und zwar innerhalb einer fünfundzwanzigjährigen Karriere innerhalb des Musicals, da leitete Astaire unsere Freuden und Gefühle für uns in die richtigen Kanäle und setzte sie auf der Leinwand frei.

Die Filme von Fred Astaire

Erläuterung: Soweit ein Film in der BRD gezeigt worden ist, folgt hinter dem Originaltitel der deutsche Titel. Ein (F) hinter dem Uraufführungsjahr bedeutet Farbfilm. P = Produktion bzw. Produzent(en); R = Regie; DB = Drehbuch; b/a = basierend auf; K = Kamera; Ba = Bauten; M = Musik; S = Schnitt; T = Ton; L = Liedertexte.

1. **Dancing Lady** (Ich tanze für dich). P: MGM, 1933. R: *Robert Z. Leonard.* DB: Allen Rivkin und P. J. Wolfson; b/a einer Erzählung von James Warner Bellah. M: Richard Rodgers, Burton Lane, Harold Adamson. L: Lorenz Hart, Jimmy McHugh, Dorothy Fields. Besetzung: Clark Gable, Joan Crawford, Franchot Tone, May Robson, Winnie Lightner, Robert Benchley, Nelson Eddy, The Three Stooges (Larry Fine, Jerom »Curly« Howard, Moe Howard), Ted Healy, Floria Foy, Art Jarrett, Grant Mitchell, Mayward Holmes.
2. **Flying Down to Rio.** P: RKO Radio, 1933. R: *Thornton Freeland.* DB: Cyril Hume, H. W. Hanemann und Erwin Gelsey; b/a einem Bühnenstück von Anne Caldwell und einer Erzählung von Lou Brock. M: Vincent Youmans. L: Edward Eliscu und Gus Kahn. Besetzung: Dolores Del Rio, Gene Raymond, Raul Roulien, Ginger Rogers, Blanche Frederici, Walter Walker, Franklin Pangborn, Eric Blore, Etta Moten.
3. **The Gay Divorcee** (Tanz mit mir/Scheidung auf amerikanisch). P: RKO Radio, 1934. R: *Mark Sandrich.* DB: George Marion Jr., Dorothy Yost und Edward Kaufman; b/a dem Bühnenstück *Gay Divorce* (Libretto: Dwight Taylor). M: Cole Porter, Con Conrad, Harry Revel. L: Porter, Herb Magidson und Mack Gordon. Besetzung: Ginger Rogers, Alice Brady, Edward Everett Horton, Erik Rhodes, Eric Blore, Lillian Miles, Betty Grable, William Austin.
4. **Roberta.** P: RKO Radio, 1935. R: *William A. Seiter.* DB: Jane Murfin, Sam Mintz, Allan Scott und Glenn Tryon; b/a einem Bühnenstück von Otto Harbach und der Erzählung *Gowns by Roberta* von Alice Duer Miller. M: Jerome Kern. L: Harbach, Oscar Hammerstein II, Dorothy Fields und Jimmy McHugh. Besetzung: Irene Dunne, Ginger Rogers, Randolph Scott, Helen Westley, Claire Dodd, Victor Varconi, Luis Alberni, Lucille Ball.
   1952 erneut verfilmt unter dem Titel *Lovely to Look At* (Männer machen Mode). Regie Mervyn LeRoy. Besetzung: Kathryn Grayson, Red Skelton, Howard Keel.

5. **Top Hat** (Ich tanz mich in dein Herz hinein/Top Hat). P: RKO Radio, 1935. R: *Mark Sandrich*. DB: Dwight Taylor und Allan Scott. M und L: Irving Berlin. Besetzung: Ginger Rogers, Edward Everett Horton, Erik Rhodes, Eric Blore, Helen Broderick, Lucille Ball.
6. **Follow the Fleet** (Marine gegen Liebeskummer/Die Matrosen kommen). P: RKO Radio, 1936. R: *Mark Sandrich*. DB: Dwight Taylor und Allan Scott; b/a dem Bühnenstück *Shore Leave* von Hubert Osborne. M und L: Irving Berlin. Besetzung: Ginger Rogers, Randolph Scott, Harriet Hilliard, Astrid Allwyn, Harry Beresford, Lucille Ball, Betty Grable, Joy Hodges, Jeanne Gray.
7. **Swing Time** (Swing Time). P: RKO Radio, 1936. R: *George Stevens*. DB: Howard Lindsay und Allan Scott; b/a einer Erzählung von Erwin Gelsey. M: Jerome Kern. L: Dorothy Fields. Besetzung: Ginger Rogers, Victor Moore, Helen Broderick, Eric Blore, Georges Metaxa, Betty Furness, Landers Stevens.
8. **Shall wie Dance.** P: RKO Radio, 1937. R: *Mark Sandrich*. DB: Allan Scott und Ernest Pagano in der Adaptation von P. J. Wolfson; b/a einer Erzählung von Lee Loeb und Harold Buchman. M: George Gershwin. L: Ira Gershwin. Besetzung: Ginger Rogers, Edward Everett Horton, Eric Blore, Jerome Cowan, Ketti Gallian, William Brisbane, Harriet Hoctor.
9. **A Damsel in Distress.** P: RKO Radio, 1937. R: *George Stevens*. DB: P. G. Wodehouse, Ernest Pagano und S. K. Lauren; b/a einer Erzählung von Wodehouse. M: George Gershwin. L: Ira Gershwin. Besetzung: George Burns, Gracie Allen, Joan Fontaine, Reginald Gardiner, Ray Noble, Constance Collier, Montagu Love, Harry Watson.
10. **Carefree.** P: RKO Radio, 1938. R: *Mark Sandrich*. DB: Allan Scott und Ernest Pagano; b/a einer Story von Dudley Nichols und Hagar Wilde. M und L: Irving Berlin. Besetzung: Ginger Rogers, Ralph Bellamy, Luella Gear, Jack Carson, Clarence Kolb, Franklin Pangborn, Walter Kingsford.
11. **The Story of Vernon and Irene Castle.** P: RKO Radio, 1939. R: *H. C. Potter*. DB: Richard Sherman, Oscar Hammerstein II und Dorothy Yost; b/a auf den Geschichten *My Husband* und *My Memories* von Irene Castle. M: Con Conrad, Harry Ruby. L: Bert Kalmar. Besetzung: Ginger Rogers, Edna May Oliver, Walter Brennan, Lew Fields, Etienne Girardot, Janet Beecher, Robert Strange, Victor Varconi.
12. **Broadway Melody of 1940** (Broadway Melody of 1940). P: MGM, 1940. R. *Norman Taurog*. DB: Leon Gordon und George Oppenheimer; b/a auf einer Story von Jack McGowan und Dore Schary. M und

L: Cole Porter. Besetzung: Eleanor Powell, George Murphy, Frank Morgan, Ian Hunter, Florence Rice, Lynne Carver.

13. **Second Chorus.** P: Paramount, 1940. R: *H. C. Potter*. DB: Frank Cavett, Elaine Ryan und Ian Hunter; b/a einer Story von Cavett. M: Hal Borne, Artie Shaw und Bernie Hanighen. L: Johnny Mercer. Besetzung: Paulette Goddard, Burgess Meredith, Charles Butterworth, Artie Shaw.

14. **You'll Never Get Rich** (Reich wirst du nie). P: Columbia, 1941. R: *Sidney Lanfield*. DB: Michael Fessier und Ernest Pagano. M und L: Cole Porter. Besetzung: Rita Hayworth, John Hubbard, Robert Benchley, Osa Massen, Frieda Inescort, Guinn »Big Boy« Williams, Donald MacBride, Cliff Nazarro.

15. **Holiday Inn** (Musik, Musik!). P: Paramount, 1942. R: *Mark Sandrich*. DB: Claude Binyon in der Adaption von Elmer Rice; b/a einer Idee von Irving Berlin. M und L: Berlin. Besetzung: Bing Crosby, Marjorie Reynolds, Virginia Dale, Walter Abel, Louise Beavers.
Erneut verfilmt unter dem Titel *White Christmas* (Weiße Weihnachten) im Jahre 1954. Regie: Michael Curtiz. Besetzung: Crosby, Danny Kaye, Rosemary Clooney.

16. **You Were Never Lovelier.** (Du warst nie berückender/Ein schönes Mädchen wie Du). P: Columbia, 1942. R: *William A. Seiter*. DB: Michael Fessier, Ernest Pagano und Delmer Daves; b/a einer Story von Carlos Olivari und Sixto Pondal Rios. M: Jerome Kern. L: Johnny Mercer. Besetzung: Rita Hayworth, Adolphe Menjou, Xavier Cugat, Leslie Brooks, Adele Mara, Isobel Elsom, Barbara Brown, Larry Parks und das Orchester von Cugat.

17. **The Sky's the Limit.** P: David Hempstead, Sherman Todd, RKO Radio, 1943. R: *Edward H. Griffith*. DB: Frank Fenton und Lynn Root; b/a der Erzählung *A Handful of Heaven* von Fenton und Root. M: Harold Arlen, Leigh Harline. L: Johnny Mercer. T: Terry Kellum und James Stewart. K: Russel Metty. S: Roland Gross. Ba: Darrell Silvera, Claude Carpenter, Albert S. D'Agostino, Carroll Clark. Besetzung: Joan Leslie, Robert Benchley, Robert Ryan, Elizabeth Patterson, Marjorie Gateson, Richard Davies, Clarence Kolb, Freddie Slack und sein Orchester, Eric Blore, Henri DeSoto, Dorothy Kelly, Norma Drury, Jerry Mandy, Clarence Muse, Ida Shoemaker, Paul Hurst, Amelita Ward, Rhoda Reese, Neil Hamilton, Dick Rush, Georgia Caine, Ann Summers, Rita Maritt, Buck Bucko, Roy Buco, Clint Sharp, Ed McNamara, Joe Bernard, Al Murphy, Jack Carr, Ferris Taylor, Peter Lawford, Olin Howland, Victor Potel.

18. **Ziegfeld Follies.** P: Arthur Freed, MGM, 1944 (Premiere 1946) (F). R: *Vincente Minnelli*. M: Harry Warren, Roger Edens, Douglas Furber, George Gershwin. L: Arthur Freed, Philip Braham, Ira Gershwin, Besetzung: Lucille Ball, Lucille Bremer, Fanny Brice, Judy Garland, Kathryn Grayson, Lena Horne, Gene Kelly, James Melton, Victor Moore, Red Skelton, Esther Williams, William Powell, Edward Arnold, Marion Bell, Cyd Charisse.
19. **Yolanda and the Thief** (Yolanda und der Dieb). P: Arthur Freed, MGM, 1945 (F). R: *Vincente Minnelli*. DB: Irving Brecher; b/a einer Story von Jacques Thery und Ludwig Bemelmans. M: Harry Warren. L: Arthur Freed. Besetzung: Lucille Bremer, Frank Morgan, Mildred Natwick, Mary Nash, Leon Ames.
20. **Blue Skies.** P: Paramount, 1946 (F). R: *Stuart Heisler*. DB: Arthur Sheekman in der Adaptation von Allan Scott; b/a einer Idee von Irving Berlin. M und L: Berlin. Besetzung: Bing Crosby, Joan Caulfield, Billy De Wolfe, Olga San Juan, Mikhail Rasumny, Victoria Horne, Frank Faylen.
21. **Easter Parade.** P: Arthur Freed, MGM, 1948 (F). R: *Charles Walters*. DB: Sidney Sheldon, Frances Goodrich und Albert Hackett; b/a einer Erzählung von Goodrich und Hackett. M und L: Irving Berlin. Besetzung: Judy Garland, Peter Lawford, Ann Miller, Jules Munshin, Clinton Sundberg, Richard Beavers, Jeni LeGon.
22. **The Barkleys of Broadway** (Tänzer vom Broadway). P: Arthur Freed, MGM, 1949 (F). R: *Charles Walters*. DB: Betty Comden und Adolph Green. M: Harry Warren. L: Ira Gershwin. Besetzung: Ginger Rogers, Oscar Levant, Billie Burke, Gale Robbins, Jacques François, George Zucco, Clinton Sundberg.
23. **Three Little Words** (Drei kleine Worte). P: Jack Cummings, MGM, 1950 (F). R. *Richard Thorpe*. DB: George Wells. M: Harry Ruby, Harry Puck. L: Bert Kalmar und Edgar Leslie. Besetzung: Red Skelton, Vera-Ellen, Arlene Dahl, Keenan Wynn, Gale Robbins, Gloria De Haven, Phil Regan, Debbie Reynolds, Carleton Carpenter.
24. **Let's Dance.** P: Paramount, 1950 (F). R: *Norman Z. McLeod*. DB: Allan Scott und Dane Lussier; b/a einer Story von Maurice Zolotow. M und L: Frank Loesser. Besetzung: Betty Hutton, Roland Young, Ruth Warrick, Lucile Watson, Gregory Moffett, Barton MacLane, Shepperd Strudwick, Melville Cooper, Harold Huber, George Zucco.
25. **Royal Wedding** (Königliche Hochzeit). P: Arthur Freed, MGM, 1951 (F). R: *Stanley Donen*. DB: Alan Jay Lerner. M: Burton Lane. L:

Lerner. Besetzung: Jane Powell, Peter Lawford, Sarah Churchill, Keenan Wynn, Albert Sharpe, Viola Roache.

25. **The Belle of New York.** P: Arthur Freed, MGM, 1952 (F). R: *Charles Walters*. DB: Robert O'Brien und Irving Elinson in der Adaption von Chester Erskine; b/a einem Bühnenstück von Hugh Morton. M: Harry Warren. L: Johnny Mercer. Besetzung: Vera-Ellen, Marjorie Main, Keenan Wynn, Alice Pearce, Gale Robbins, Clinton Sundberg.

27. **The Band Wagon** (Vorhang auf!). P: MGM, 1953 (F). R: *Vincente Minnelli*. DB: Betty Comden und Adolph Green. M: Arthur Schwartz. L: Howard Dietz. Besetzung: Cyd Charisse, Oscar Levant, Nanette Fabray, Jack Buchanan, James Mitchell, Robert Gist.

28. **Daddy Long Legs** (Daddy Langbein). P: 20th Century-Fox, 1955 (F). R: *Jean Negulesco*. DB: Phoebe und Henry Ephron; b/a einem Roman von Jean Webster. M und L: Johnny Mercer. Besetzung: Leslie Caron, Terry Moore, Thelma Ritter, Fred Clark, Charlotte Austin, Larry Keating, Ray Anthony. Bereits 1919 und 1931 verfilmt.

29. **Funny Face** (Ein süßer Fratz/Das rosarote Mannequin). P: Paramount, 1957 (F). R: *Stanley Donen*. DB: Leonhard Gershe. M: George Gershwin und Roger Edens. L: Ira Gershwin und Gershe. Besetzung: Audrey Hepburn, Kay Thompson, Michel Auclair, Robert Flemyng, Dovima, Virginia Gibson, Suzy Parker, Ruta Lee, Sunny Harnett.

30. **Silk Stockings** (Seidenstrümpfe). P: MGM, 1957 (F). R. *Rouben Mamoulian*. DB: Leonard Gershe und Leonard Spigelgass; b/a auf einem Bühnenstück von George S. Kaufman, Leueen McGrath und Abe Burrows und auf einer Erzählung von Melchior Lengyel. M und L: Cole Porter. Besetzung: Cyd Charisse, Janis Paige, Peter Lorre, George Tobias, Jules Munshin, Joseph Buloff, Wim Sonnefeld, Barrie Chase. Ein Musical-Remake des Films *Ninotchka* (Ninotschka) von 1939. Regie: Ernst Lubitsch, mit Greta Garbo, Melvyn Douglas und Felix Bressart.

31. **On the Beach** (Das letzte Ufer). P: Stanley Kramer, United Artists, 1959. R: *Kramer*. DB: John Paxton und James Lee Barrett; b/a einem Roman von Nevil Shute. Besetzung: Gregory Peck, Ava Gardner, Anthony Perkins, Donna Anderson, John Tate, Lola Brooks, Lou Vernon, Guy Doleman, Ken Wayne.

32. **The Pleasure of His Company** (In angenehmer Gesellschaft). P: Paramount, 1961 (F). R: *George Seaton*. DB: Samuel Taylor; b/a einem Bühnenstück von Taylor und Cornelia Otis Skinner. Besetzung: Debbie Reynolds, Lilli Palmer, Tab Hunter, Gary Merrill, Charles Ruggles, Harold Fong.

33. **The Notorious Landlady** (Noch Zimmer frei). P: Columbia, 1962. R: *Richard Quine*. DB: Blake Edwards, Larry Gelbart; b/a einer Geschichte von Margery Sharp. Besetzung: Kim Novak, Jack Lemmon, Lionel Jeffries, Estelle Winwood, Maxwell Reed, Philippa Bevans, Henry Daniell.
34. **Finian's Rainbow** (Der goldene Regenbogen). P: Warner Brothers-Seven Arts, 1968 (F). R: *Francis Ford Coppola*. DB: E. Y. Harburg und Fred Saidy; b/a auf ihrem Bühnenstück. K: Philip Lathrop (Panavision 70). M: Burton Lane. L: Harburg. Besetzung: Petula Clark, Tommy Steele, Don Francks, Keenan Wynn, Al Freeman Jr., Barbara Hancock, Dolph Sweet.
35. **The Midas Run/Midas Run/A Run on Gold** (Gestatten, das sind meine Kohlen!). P: Selmur/Motion Picture International/Cinema Releasing Company, 1969 (F). R: *Alf Kjellin*. DB: James D. Buchanan, Ronald Austin und Berne Giler; b/a einer Erzählung von Giler. K: Ken Higgins. M: Elmer Bernstein. Besetzung: Richard Crenna, Anne Heywood, Sir Ralph Richardson, Cesar Romero, Roddy McDowall, Adolfo Celi, Maurice Denham, John LeMesurier.
36. **That's Entertainment!** (Das gibt's nie wieder – That's Entertainment). P: MGM-United Artists, 1974 (F). R: *Jack Haley Jr.* DB: Haley Jr. K: Gene Polito, Ernest Laszlo, Russell Metty, Ennio Guarnieri, Allan Green (70 mm). M: Henry Mancini. Besetzung: Bing Crosby, Gene Kelly, Liza Minnelli, Peter Lawford, Donald O'Connor, Debbie Reynolds, Mickey Rooney, Frank Sinatra, James Stewart, Elizabeth Taylor.
37. **The Towering Inferno** (Flammendes Inferno) P: Twentieth Century-Fox/Warner Brothers, 1974 (F). R: *John Guillermin* und *Irwin Allen*. DB: Stirling Silliphant; b/a auf dem Roman *The Tower* von Richard Martin Stern und dem Roman *The Glass Inferno* von Thomas N. Scortia und Frank M. Robinson. K: Fred M. Koenekamp, Joseph Biroc (CinemaScope). M: John Williams. Besetzung: Paul Newman, Steve McQueen, Faye Dunaway, William Holden, Susan Blakely, Richard Chamberlain, Jennifer Jones, O. J. Simpson, Robert Vaughn, Robert Wagner, Susan Flannery.
38. **That's Entertainment, Part 2** (Hollywood, Hollywood). MGM-United Artists, 1976 (F). Regie der neuen Sequenzen. *Gene Kelly*. DB der verbindenden Kommentare: Leonhard Gershe. Zusätzliche Musik: Nelson Riddle. Besetzung (verbindende Sequenzen): Fred Astaire, Gene Kelly.

Fred Astaire im Fernsehen
(eine Auswahl)

Gastgeber der TV-Sendung **Alcoa Premiere** (1961–1963); Episodenfilme von sechzig Minuten Länge. Mit den Darstellern Janis Paige und Lurene Tuttle in einer Folge dieser Serie: **Blues for a Hanging** (als Ted Miller).

In einer Episode der TV-Serie **The General Electric Theatre,** die mit 200 Folgen in der Zeit von 1953 bis 1961 lief. Die Folgen waren unterschiedlich lang, einmal 30 Minuten, dann wieder 60 Minuten. Fred Astaire in der Episode **Man on a Bicycle.**

In der 1968 und 1969 im amerikanischen Fernsehen ausgestrahlten und auch bei uns gesendeten TV-Serie **It Takes a Thief** (Ihr Auftritt bitte – Al Mundy!) spielt Fred Astaire in 65 Episoden der ABC-TV-Serie den Vater von Alexander Mundy (Robert Wagner). Weitere Darsteller: Malachi Throne, John Russell, Susan Saint James, Edward Binns. Produzenten der Serie: Winston Miller, Paul Mason, Gene L. Coon, Mort Zarcoff, Frank Price, Gordon Oliver, Jack Arnold. Musik: Benny Golson, Ralph Ferraro. Regisseure: Don Weis, Jack Arnold, Gerd Oswald, Roland Kibbee, Barry Shear, Michael Caffrey, Lee H. Katzin, Tony Leader. Laufzeit pro Episode: 60 Minuten.

Bibliographie

Astaire, Fred: *Steps in Time* (Harper & Brothers, 1959)
Barnett, Lincoln: Fred Astaire, *Life*-Magazin, 25. August 1941
Behlmer, Rudy (Herausgeber): *Memo from David O. Selznick,* New York (Viking Press, 1972)
Corliss, Richard: *Talkin' Pictures,* New York (Overlook Press, 1974)
Croce, Arlene: *The Fred Astaire & Ginger Rogers Book.* New York (Outerbridge & Lazard, 1972)
Dietz, Howard: *The Musical Band Wagon Keeps On Rollin' Along (Look* vom 18. August 1953)
Dietz, Howard: *Dancing in the Park,* New York (Quadrangle Books, 1974)
Eustis, Morton. *Fred Astaire, the Actor-Dancer Attacks His Part (Theatre Arts Monthly,* April 1937)
Green, Stanley: *Ring Bells! Sing Songs!,* New Rochelle (Arlington House, 1971)
Green, Stanley und Goldblatt, Burt: *Starring Fred Astaire,* New York (Dodd, Mead & Co., 1973)
Hackl, Alfons: *Fred Astaire and His Work,* Wien (Filmkunst 1970)
Harvey, Stephen: *Interview with Stanley Donen (Film Comment,* Juli/ August 1973)
Kobal, John: *Eleanor Powell . . . I Would Rather Dance Than Eat (Focus on Film,* Nr. 19, August 1974)
Lydon, Susan: *My Affaire with Fred Astaire (Rolling Stone,* 6. Dezember 1973)
McVay, Douglas: *The Musical Film,* New York (A. S. Barnes, 1967)
Milne, Tom: *Rouben Mamoulian,* Bloomington (Indiana University Press, 1970)
Minnelli, Vincente und Arce, Hector. *I Remember It Well,* Garden City (Doubleday & Co., 1974)
Richie, Donald: *George Stevens, An American Romantic,* New York (Museum of Modern Art, 1970)
Saltus, Carol: *The Modest Mr. Astaire Talks with Carol Saltus* (Inter/View Nr. 33, Juni 1973)
Spiegel, Ellen: *Fred and Ginger Meet Van Nest Polglase,* The Velvet Light Trap, Nr. 10, Herbst 1973)
Stearns, Marshall und Jean: *Jazz Dance, The Story of American Vernacular Dance,* New York (Macmillan, 1968)
Taylor, John Russell und Jackson, Arthur: *The Hollywood Musical,* New York (McGraw-Hill, 1971)
Thomas, Bob: *King Cohn,* New York (G. P. Putnam & Sons, 1967)
Thomas, Bob: *Selznick,* Garden City (Doubleday & Co., 1970)

Register

Allen, Gracie 36, *103*, 105
Astaire, Adele *13*, 22, 28, 31 f., *33*, 34 ff., *37*, 38, *39*, 40, *41*, *43*, 44, *45*, 46 f., 49
Astaire-Potter, Phyllis 46, 87, 178
Astaire Jr., Fred 87

Band Wagon, The 26, 28, 52, 170 ff., 187, 198
Barkleys of Broadway, The 27, 154 ff., 174
Belle of New York, The 168 ff.
Benchley, Robert 137
Berlin, Irving 26, 72, 81, 109, 133, 148
Blore, Eric 76, *77*, 88, 91
Blue Skies 14, 24, 81, 146 ff.
Brady, Alice 63
Bremer, Lucille 140, *141*, 144 f., 146
Broderick, Helen 45, 74, 88, 91
Broadway Melody of 1940 19, 45, 118 ff.
Buchanan, Jack 172, *173*, 174 ff.
Burns, George *103*, 105

Carefree 18, 71, 105 ff., 112
Caron, Leslie 27, *177*, 178, *179*, 180
Cavendish, Lord Charles 44, 46
Caulfield, Joan 147 ff.
Charisse, Cyd 27, *29*, 139 f., 171, *175*, 176, *185*, 186 f.
Chase, Barrie 28, 187, 192
Clark, Petula 194
Coppola, Francis Ford 193 f.
Cowan, Jerome *95*
Crawford, Joan 51 f., *53 f.*
Crenna, Richard *196*
Crosby, Bing 24, 94, 132, *133*, 134 ff., 146, *147*, 149

Daddy Long Legs 177 ff.
Damsel in Distress, A 101 ff., 124, 130
Dancing Lady 51 ff., *53*, 55, 198
Del Rio, Dolores 55, *56*, 57
Donen, Stanley 26, 139, 180 f.
Dunne, Irene 67, 84

Easter Parade 28, 150 ff., 164

Fabray, Nanette 171, *173*, 174 ff.
Finian's Rainbow 192 ff.
Flying Down to Rio 49 ff., 56 ff., 65 f., 82, 112
Follow the Fleet 14, 20, 72, 81, 85, 88, 94, 140
Fontaine, Joan *101*, 102, 104, 124
Foy Jr., Eddie 44
Freed, Arthur 25, 139, 158, 168, 180
Funny Face 17, 26, 28, 180 ff., 188

Gable, Clark 52, *54*
Gardner, Ava 189
Garland, Judy 27, 78, 108, 139, 150, *151* ff., 154
Gay Divorcee, The 18, 58 ff., 72, 76, 90

Gershwin, George 26, 40, 42, 44, 97, 141
Gershwin, Ira 42, 97, 155
Goddard, Paulette 122, *123*, 124, *125*
Grable, Betty *60*
Griffith, Edward H. 136

Hancock, Barbara *195*
Hayworth, Rita *23*, 124, *126 f.*, 128 f., *131*, 132
Heisler, Stuart 148
Hepburn, Audrey 27, 180, *181*, 182, *183*
Heywood, Anne *196*
Holiday Inn 24, 132 ff.
Horne, Lena 139
Horton, Edward Everett *60 f.*, 63, 77
Hutton, Betty *162 f.*

Johnstone, Justine 35

Kelly, Gene 21, 25, 139, 142, *143*, 150, 176, 180, 187
Kern, Jerome 26, 66, 80, 88, 92, 130
Kramer, Stanley 188

Lanfield, Sidney 126 f.
Lawford, Peter *152*, 164 f.
Lemmon, Jack 190, *193*
Leonhard, Robert Z. *54*
Leslie, Joan *137*, 138
Let's Dance 162 ff.
Levant, Oscar 171, *172*, 174
Loesser, Frank 164
Losch, Tilly 46, *47*
Luce, Claire 48, *49*

Mamoulian, Rouben 186
Martyn, Kathlene *41*
McLeod, Norman Z. 163
Menjou, Adolphe *129*, 130
Mercer, Johnny 130, 180
Midas Run, The 195 ff.
Minnelli, Vincente 26, 139, 141 f., 172 f.
Montalban, Ricardo 166
Moore, Victor 42, *87*, 90 f.
Morgan, Frank 45
Murphy, George *119*

Notorious Landlady, The 190 ff.
Novak, Kim 190, 192

On the Beach 29, 188

Palmer, Lilli 189 f., *191*
Peck, Gregory 189
Pleasure of His Company, The 29, 189 ff.
Porter, Cole 26, 34, 48, 64, 80, 126
Potter, H. C. 111, 113 f.
Powell, Eleanor *19*, *120 f.*, 122
Powell, Jane 166, *167*
Powell, William 139

207

Raymond, Gene 55 ff.
Reynolds, Debbie 189 f.
Reynolds, Marjorie *133*
Rhodes, Eric 62, *71*, 74, 77
Roberta 66 ff., 82, 94
Rogers, Ginger 14, *15*, 16, 18, 21 ff., 27, 44, 48, 52 f., *55*, 57 ff., *59*, 62 ff., *63, 67 f.,* 69 ff., *70 f.,* 75, 76 ff., *79*, 83, 84 ff., *85*, 86 ff., *87*, 88 ff., *89*, 92, 95, 97, 98 ff., *99, 107, 109, 111, 113*, 114 ff., *115*, 154 ff., *155, 157*
Royal Wedding 28, 164 ff., 180, 188
Ryan, Robert *136*, 138

Sandrich, Mark 25, 61, 71 f., 101
Scott, Randolph 82
Second Chorus 122 ff., 128
Seiter, William A, 129
Shall We Dance 18, 95 ff., 106, 156
Shaw, Artie 122 f.
Silk Stockings 29, 185 ff.
Sky's the Limit, The 136 ff.
Steele, Tommy *193*

Stevens, George 25, 90, 93, 101, 104
Story of Vernon and Irene Castle, The 111 ff.
Swing Time 16 f., 45, 72, 87 ff., 95 f., 105

That's Entertainment 30, 142, 198
Thompson, Kay *181*, 184
Thorpe, Richard 158
Three Little Words 158 ff.
Top Hat 12, 16 f., 45, 72 ff., 78 f., 94, 174
Towering Inferno, The 30, 197 f.

Vera-Ellen *159, 161*, 168, *169, 171*

Walters, Charles 26, 139, 158, 168
Wynn, Keenan 168

Yolanda and the Thief 142, 144 ff., 180
You'll Never Get Rich 126 ff.
Youmans, Vincent 42, 57, 80 f.
You Were Never Lovelier 23, 128 ff., 136

Ziegfeld Follies 139 ff., 146